Bils · Übungsaufgaben zum Biologieunterricht in den Klassen 9 und 10

Biologische Arbeitsbücher 46

Werner Bils

Übungsaufgaben zum Biologieunterricht in den Klassen 9 und 10

- Humanbiologie -

Quelle & Meyer Verlag Wiesbaden

Dr. Werner Bils
Weihergärtenweg 37
72762 Reutlingen

Die Deutsche Bibliothek - CIP-Einheitsaufnahme

Bils, Werner:
Übungsaufgaben zum Biologieunterricht in den Klassen 9 und 10, Humanbiologie / Werner Bils. - Wiesbaden : Quelle und Meyer, 1996
(Biologische Arbeitsbücher ; 46)
ISBN 3-494-01215-6
NE: GT

Einbandgestaltung: Klaus Neumann, Wiesbaden
Druck und Bindung: Zechnersche Buchdruckerei, Speyer
Gedruckt auf chlorfrei gebleichtem Recyclingpapier
Printed in Germany/Imprimé en Allemagne
ISBN 3-494-01215-6

Inhaltsverzeichnis

Vorwort

Die beiden Hauptziele des Biologieunterrichts sind Kenntnis von Fakten und die Fähigkeit zum Umgang damit. Die vorliegende Aufgabensammlung soll helfen, diese Ziele im Bereich der Humanbiologie zu erreichen.
Die Aufgaben sind daher zunächst einmal dazu geeignet, Kenntnisse zu festigen. Faktenwissen allein reicht aber nicht aus, Schüler sollen auch mit Erlerntem umgehen können. Der größte Teil der Aufgaben erfordert daher über die bloße Wiedergabe von erlernten Fakten hinaus die Anwendung von Wissen. Solche Aufgaben sollen Schülern Gelegenheit geben, mit Hilfe ihrer Kenntnisse zu unbekannten Sachverhalten kompetent Stellung zu nehmen.
Bei der Auswahl der Aufgaben wurde darauf geachtet, möglichst die Kernbereiche der Lehrpläne für die Realschule und das Gymnasium abzudecken. Einige Themen mußten aber unberücksichtigt bleiben. Wegen der als Spiralcurricula aufgebauten Lehrpläne finden sich weitere Aufgaben zur Humanbiologie in den bereits erschienenen Bänden für die gymnasiale Oberstufe sowie für die Klassen fünf bis acht.
Die Lösungsvorschläge können nicht in jedem Fall bis in die Einzelheiten korrekt sein. Es war notwendig, sie in Form und Inhalt zu vereinfachen, um sie für Schüler der neunten oder zehnten Klasse verständlich zu halten.
Alle Aufgaben sind im Unterricht oder in Klassenarbeiten erprobt. Ich danke allen Schülern, die mit ihren Lösungsversuchen geholfen haben, die Aufgaben verständlicher zu gestalten. Mein Dank gilt aber besonders Frau Claudia Huber vom Verlag Quelle & Meyer. Sie hat mit kritischem Blick Fehler und Ungenauigkeiten im Manuskript entdeckt, lieferte viele Verbesserungsvorschläge und sorgte für eine ansprechende Gestaltung des Buches.

Werner Bils

I Skelett und Muskulatur

Zur Lösung der Aufgaben erforderliche Kenntnisse:

Skelett

Kopfskelett
- Schädel
- Unterkiefer

Rumpfskelett
- Wirbelsäule
  Wirbel, Bandscheiben, Rückenmark
- Brustkorb
  Rippen (mit eingeschlossenen Organen), Brustbein

Extremitätenskelett
- Arme
  Oberarmknochen, Elle, Speiche, Handwurzelknochen, Mittelhandknochen, Fingerknochen
- Beine
  Oberschenkelknochen, Schienbein, Wadenbein, Fußwurzelknochen, Mittelfußknochen, Zehenknochen

Becken und Schultergürtel
- Becken
  Darmbein, Sitzbein, Schambein, Kreuzbein, Schambeinverbindung (Schambeinsymphyse)
- Schultergürtel
  Schulterblatt, Schlüsselbein

Bau des Knochens und der Gelenke
- Makroskopischer Bau
  Dichte Knochenmasse (Kompakta, kompakter Knochen), Schwammige Knochenmasse (Spongiosa, Bälkchenknochen), Knorpelkappen (Knorpelschicht), Knorpelscheiben (Epiphysenfugen), Markhöhle, Knochenhaut
- Bildung des Knochens
  Knochenbildungszellen (Osteoblasten), Knochenzerstörungszellen (Osteoklasten), Knochenerde (anorganisches Material, Calciumphosphat und Calciumkarbonat), Knochenleim (organisches Material, Knochenknorpel)
- Bau der Gelenke
  Gelenkkopf, Gelenkpfanne, Gelenkkapsel, Gelenkknorpel, Gelenkspalt, Gelenkbänder, Sehnen

Muskulatur

- Bau eines Muskels
  Glatte und Quergestreifte Muskulatur, Muskelzellen, Zellkern, Muskelfaser, Muskelfibrille, Aktinfäden, Myosinfäden, Bänderung,
- Funktion eines Muskels
  Kontraktion, Aktinfäden, Myosinfäden, Bänderung, Energieverbrauch, Erregung und Steuerung durch Nerven, Antagonismus

Aufgabe 1

In der Abbildung ist das Skelett des Menschen (ohne Schädel) von oben gesehen gezeichnet.

Nennen Sie die Bezeichnungen für die mit Ziffern gekennzeichneten Teile.

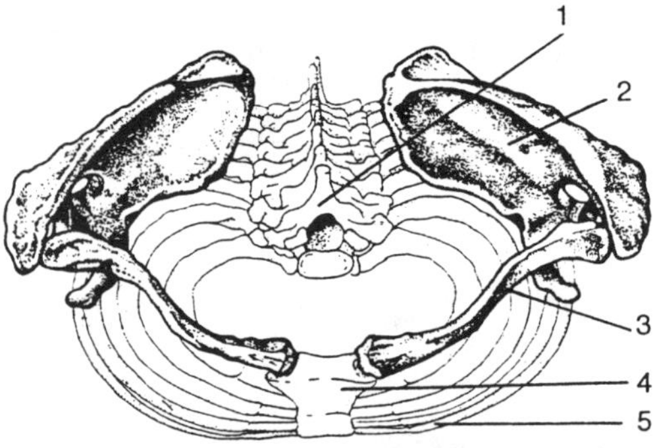

Abb. aus MÖRIKE/BETZ/MERGENTHALER: Biologie des Menschen, 1989.

Aufgabe 2

Bei alten Menschen brechen die Knochen viel leichter als bei Kindern. Wie ist das zu erklären?

Lösung 1

1 Wirbel
2 Schulterblatt
3 Schlüsselbein
4 Brustbein
5 Rippen

Lösung 2

Das Knochenmaterial des Menschen besteht aus der Knochenerde und dem Knochenknorpel (Knochenleim). Die Knochenerde setzt sich aus anorganischem Material (Calciumphosphat und Calciumcarbonat) zusammen, der Knorpel ist organisches Material. Die Knochenerde gibt dem Knochen Festigkeit, ist aber spröde und brüchig; der Knochenknorpel ist elastisch. Der Anteil des Knochens an Knochenknorpel nimmt mit zunehmendem Alter ab. Da also in den Knochen alter Menschen mehr Knochenerde enthalten ist, brechen die Knochen leichter.

Knochenerde – Knochenleim

Aufgabe 3

In der Abbildung ist die Wirbelsäule im Bereich von drei Wirbeln quergeschnitten dargestellt.

a) Nennen Sie die Fachbegriffe für die mit Ziffern gekennzeichneten Bereiche.
b) An einer Stelle der Zeichnung ist eine krankhafte Veränderung sichtbar. Beschreiben Sie die Folgen dieser Krankheit.

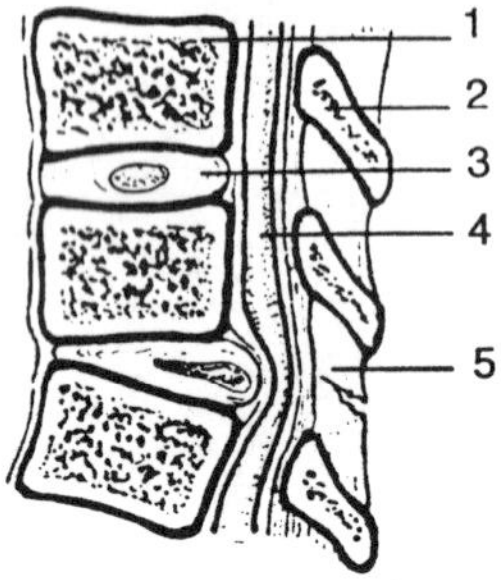

Abb. aus SCHMEIL: Der Mensch, 1975.

Aufgabe 4

Die Abbildung zeigt einen stark vereinfachten Querschnitt durch den Brustraum des Menschen im Bereich des siebten und achten Brustwirbels.

Nennen Sie die Bezeichnungen für die mit Kennziffern versehenen Bereiche.

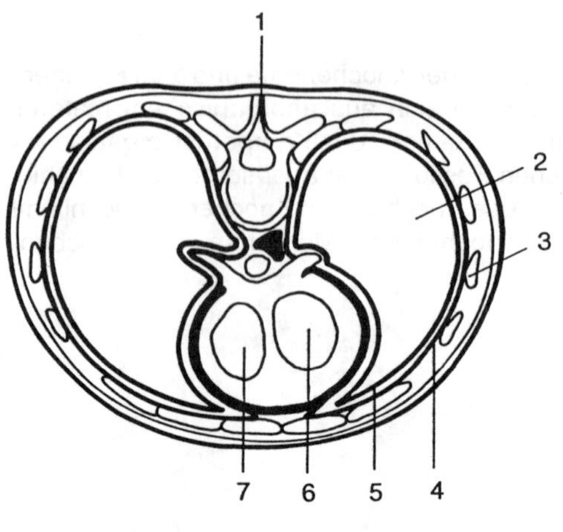

Abb. verändert nach SCHMEIL: Der Mensch, 1975.

Lösung 3

a) 1 Wirbelkörper
   2 Dornfortsatz
   3 Bandscheibe
   4 Rückenmark
   5 Bänder

b) Zwischen dem mittleren und dem unteren Wirbel ist die Bandscheibe in den Wirbelkanal vorgeschoben. Die Erscheinung wird als „Bandscheibenvorfall“ bezeichnet. Durch diese Lage der Bandscheibe gerät das Rückenmark unter Druck. In schweren Fällen kann an dieser Stelle die Erregungsübertragung in den Nervenzellen des Rückenmarks sehr stark gestört oder sogar unterbrochen werden. Dadurch sind Meldungen an die unter dieser Stelle liegenden Körperbereiche oder aus diesen Körperteilen eingeschränkt oder unmöglich. Die Folge kann die Lähmung der unteren Körperpartien sein (Querschnittslähmung). Außerdem ist die Sinneswahrnehmung aus diesem Bereich gestört.

Bandscheibenvorfall – Querschnittslähmung

Lösung 4

1 Wirbel
2 Lunge
3 Rippe
4 Rippenfell
5 Lungenfell
6 linke Herzkammer
7 rechte Herzkammer

Aufgabe 5

In der Abbildung ist der Schädel eines neugeborenen Kindes in der Ansicht von oben zu sehen.

Wie unterscheidet sich dieser Schädel von dem eines Erwachsenen? Welchen Vorteil bietet das?

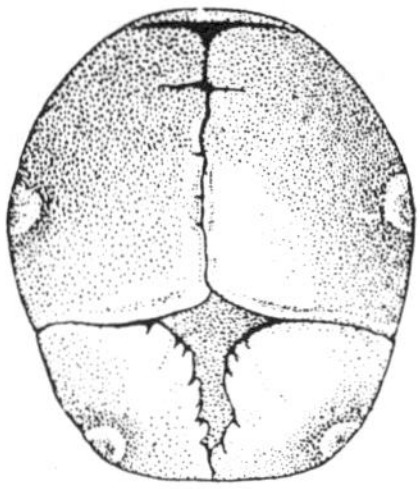

Abb. aus SCHMEIL: Der Mensch, 1975.

Aufgabe 6

In der Abbildung sieht man das menschliche Becken mit benachbarten Knochen in der Ansicht von vorn.

a) Nennen Sie bitte die verschiedenen Knochen des Beckens und beschreiben Sie ihre Lage (die Nahtlinien der Beckenknochen sind in der Zeichnung nicht eingetragen).
b) Nennen Sie Bezeichnung der Knochen, die nicht zum Becken gehören, und beschreiben Sie ihre Funktion.

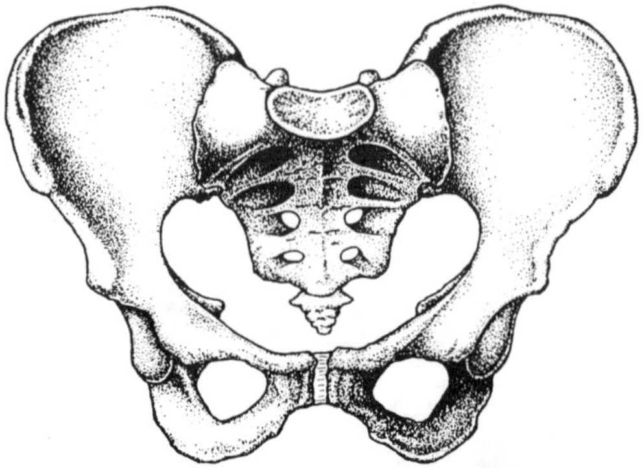

Abb. aus MÖRIKE/BETZ/MERGENTHALER: Biologie des Menschen, 1989.

Lösung 5

Die Knochen des Schädels eines Neugeborenen sind noch nicht fest miteinander verwachsen. An einigen Stellen sind ihre Ränder so weit voneinander entfernt, daß Öffnungen entstehen, die Fontanellen.
Die einzelnen Kopfknochen sind beim Neugeborenen gegeneinander verschiebbar. Dadurch kann sich die Form des Kopfes dem engen Geburtskanal anpassen.

Fontanellen – Geburtskanal

Lösung 6

a) Das Becken wird aus den beiden Hüftbeinen gebildet. Jedes Hüftbein besteht aus drei Knochen. Nach hinten oben zu zieht das Darmbein, nach unten das Sitzbein und nach unten vorne das Schambein. Die beiden Schambeine sind durch eine leicht dehnbare Knorpelzone miteinander verbunden.
b) Nach hinten zu wird die Öffnung des Beckens durch das Kreuzbein abgeschlossen. Es besteht aus mehreren vergrößerten und verwachsenen Wirbeln und ist durch kräftige Bänder fast bewegungslos mit den beiden Darmbeinen verbunden. Auf diese Weise wird die Last des Körpers von der Wirbelsäule auf das Becken und damit auf die Beine übertragen.

Darmbein – Sitzbein – Schambein – Kreuzbein

Aufgabe 7

In der Abbildung sind schematische Schnitte durch die Röhrenknochen eines sechzehnjährigen (links) und eines erwachsenen Menschen (rechts) zu sehen.

a) Beschriften Sie die mit Kennziffern versehenen Teile.
b) Erklären Sie den außer der Größe wichtigsten Unterschied zwischen den beiden Knochen.

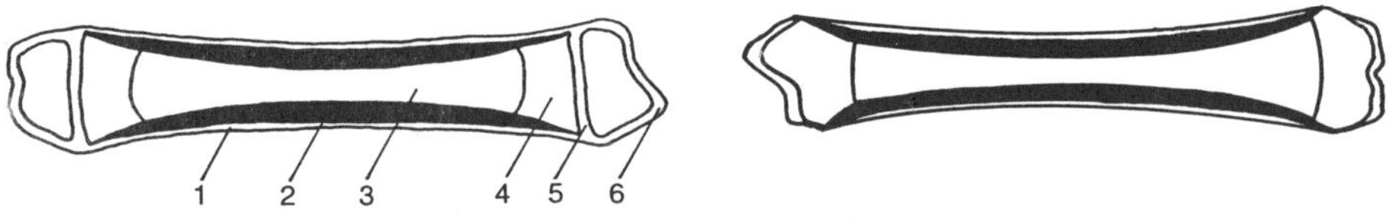

Abb. nach LINDER/HÜBLER: Biologie des Menschen, 1970.

Aufgabe 8

In der Abbildung sieht man den Unterkieferknochen eines Menschen in zwei Stadien. Abbildung „A" zeigt den Unterkiefer im Alter von etwa 40 Jahren und „B" den Kiefer des selben Menschen im Alter von über achtzig Jahren.

Erklären Sie bitte, wie es zum unterschiedlichen Bau des Knochens kommen kann.

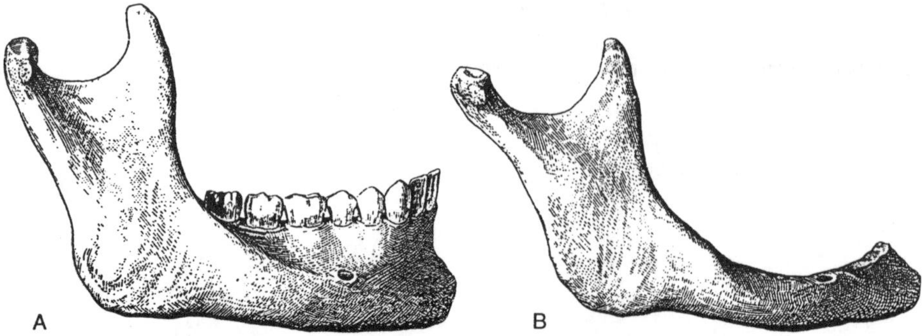

Abb. aus LINDER/HÜBLER: Biologie des Menschen, 1970.

Lösung 7

a) 1 Knochenhaut (Beinhaut)
2 dichte Knochenmasse (Kompakta, kompakter Knochen)
3 Markhöhle
4 schwammige Knochenmasse (Spongiosa, Bälkchenknochen)
5 Knorpelscheiben (Epiphysenfuge)
6 Knorpelkappen (Knorpelschicht)

b) An den Enden des Knochens eines sechzehnjährigen Menschen sind zwischen dem Knochenschaft und den Gelenkenden noch Knorpelscheiben erhalten. Von diesen Stellen aus wächst der Knochen in die Länge. Nach der Rückbildung der Knorpelscheiben (Epiphysenfugen) ist kein Längenwachstum mehr möglich.

Lösung 8

Die Knochen sind lebende Teile des Körpers. In ihnen laufen ständig Abbau-, Aufbau- und Umbauprozesse ab. Knochenbildungszellen (Osteoblasten) bauen ständig neues Knochenmaterial auf, während gleichzeitig „Knochenzerstörungszellen“ (Osteoklasten) Knochensubstanz abbauen. So kann es im Laufe des Lebens zu Veränderungen der Form von Knochen kommen. In unserem Beispiel ist durch die überwiegende Arbeit der abbauenden Knochenzellen der Unterkiefer kleiner geworden. Das geschieht mit zunehmendem Alter bei vielen Knochen des Menschen.

Knochenbildungszellen – Knochenzerstörungszellen

Aufgabe 9

Die Zeichnung zeigt das Skelett der rechten Hand.

Nennen Sie die Fachbegriffe für die mit Ziffern gekennzeichneten Bereiche der Hand.

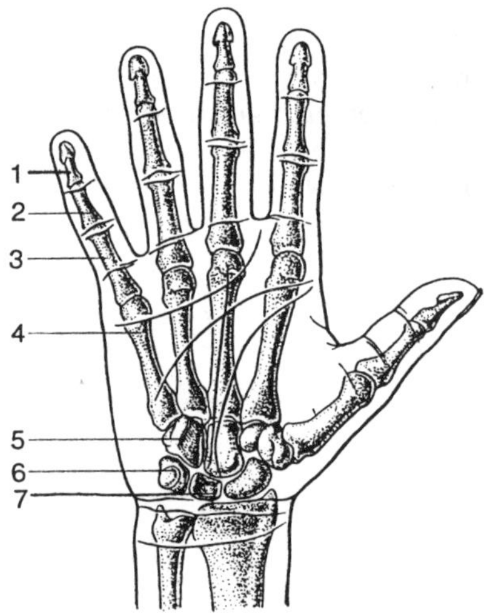

Abb. aus MÖRIKE/BETZ/MERGENTHALER: Biologie des Menschen, 1989.

Aufgabe 10

Welche der folgenden Aussagen sind richtig?

a) Muskelfasern sind durch Bindegewebe voneinander getrennt.
b) Die Querstreifung von Muskelfasern ist ein Kunstprodukt, das nur auftritt, wenn man die Muskeln herauspräpariert und anfärbt.
c) Skelettmuskeln bestehen aus Glatter Muskulatur.
d) Eingeweidemuskeln bestehen aus Glatter Muskulatur.
e) Glatte Muskelzellen arbeiten schneller als quergestreifte.
f) Das Hüftgelenk ist ein Scharniergelenk.
g) Die Knochenhaut (Beinhaut) grenzt an das Knochenmark.
h) Die Gelenkschmiere dient zur Verbesserung der Gleitfähigkeit der Gelenkenden der Knochen gegeneinander.
i) Knochen werden von Blutgefäßen durchzogen.
k) Knochen werden mit Nerven versorgt.

Lösung 9

1 Fingerknochen
2 Fingerknochen
3 Fingerknochen
4 Mittelhandknochen
5 Handwurzelknochen
6 Handwurzelknochen
7 Handwurzelknochen

Lösung 10

Richtig sind folgende Antworten:

a) Muskelfasern sind durch Bindegewebe voneinander getrennt.
d) Eingeweidemuskeln bestehen aus Glatten Muskelzellen.
h) Die Gelenkschmiere dient zur Verbesserung der Gleitfähigkeit der gegeneinander bewegten Gelenkenden der Knochen.
i) Knochen sind von Blutgefäßen durchzogen.
k) Knochen werden von Nerven versorgt (in der Knochenhaut liegen Nerven, dadurch wird sie schmerzempfindlich).

Aufgabe 11

In der Zeichnung ist der schematische Schnitt durch das Ellenbogengelenk des Menschen dargestellt.

Nennen Sie die Fachbezeichungen für die verschiedenen Bereiche des Gelenks.

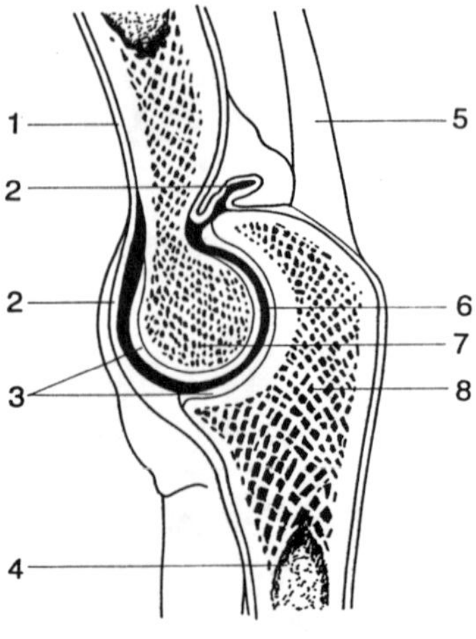

Abb. nach LINDER/HÜBLER: Biologie des Menschen, 1970.

Aufgabe 12

Welche der folgenden Aussagen sind richtig?

Muskelfibrillen
a) nennt man die quer über den Skelettmuskel laufenden, dunkel gefärbten Bänder;
b) entsprechen den Muskelzellen;
c) enthalten Myosin- und Aktinfäden (Myosin- und Aktinfilamente);
d) sind Bauelemente des Bindegewebes der Muskeln;
e) enthalten Elemente, die die Verkürzung des Muskels verursachen können;
f) sind besondere Plasmabereiche der Muskelfasern;
g) sind quergebändert;
h) sind voneinander durch Bindegewebe getrennt;
i) enthalten den Zellkern.

Lösung 11

1 Knochenhaut (Beinhaut)
2 Gelenkkapsel
3 Gelenkknorpel
4 Markhöhle
5 Sehne des Unterarmstreckers
6 Gelenkspalt mit Gelenkschmiere
7 Gelenkkopf
8 Gelenkpfanne

Lösung 12

Richtig sind folgende Antworten:

c) Muskelfibrillen enthalten Myosin- und Aktinfäden;
e) Muskelfibrillen enthalten Elemente, die die Verkürzung des Muskels verursachen können;
f) sind besondere Plasmabereiche der Muskelfasern;
g) sind quergebändert.

Aufgabe 13

Im Schema ist das mikroskopische Bild eines Ausschnitts der Skelettmuskulatur zu sehen. Daneben ist ein Teil des Bildes noch einmal vergrößert und noch stärker schematisiert dargestellt.

a) Erklären Sie die mit Ziffern gekennzeichneten Bereiche.
b) Beschreiben Sie den molekularen Aufbau der mit „3“ gekennzeichneten Struktur.
c) Wie ändern sich die in Abb. „B“ zu sehenden hellen und dunklen Bereiche, wenn sich der Muskel kontrahiert?

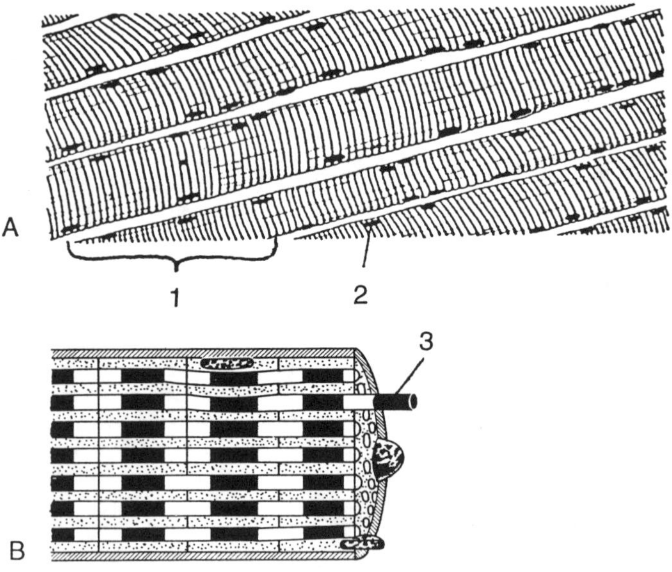

Abb. aus Voss: Grundriß der normalen Histologie und Anatomie, 1977, und Mörike/Mergenthaler: Biologie des Menschen, 1965.

Aufgabe 14

Die meisten Skelettmuskeln sind in antagonistischen Gruppen angeordnet. Aus welchem Grund ist das erforderlich?

Lösung 13

a) 1 Muskelfaser
(aus mehreren Hundert Muskelzellen verschmolzen, enthält daher viele Zellkerne; mehrere Muskelfasern bilden ein Muskelfaserbündel und mehrere solcher Bündel sind zu einem Muskel zusammengefaßt)
2 Zellkern
3 Muskelfibrille
(besteht aus Eiweißfäden (Myosin- und Aktinfäden, die sich ineinanderschieben können)

b) In den Muskelfibrillen liegen Aktin- und Myosinelemente (-Filamente);das sind lange Eiweißfäden, die in großer Zahl in Längsrichtung nebeneinander in den Fibrillen liegen. Die dunkle Färbung entsteht in den Bereichen, in denen sich Aktin- und Myosinelemente überlagern.

c) Bei der Kontraktion des Muskels schieben sich die Aktinfäden in die Zwischenräume zwischen den Myosinfäden. die hellen Bereiche der Muskelfasern werden dadurch schmaler, die dunklen bleiben in ihrer Ausdehnung gleich. Die gesamte Muskelfaser verkürzt sich und wird dicker.

Muskelfaser – Muskelfibrille – Myosinfäden – Aktinfäden

Lösung 14

Muskeln können sich aktiv nur verkürzen (kontrahieren). Ein Muskel kann also nur an einem Skelettelement ziehen, nicht drücken. Für entgegengesetzt gerichtete Bewegungen (hin und zurück) sind daher immer wenigstens zwei Muskeln erforderlich.
Durch die entgegengesetzte Bewegung wird ein Muskel nach der Kontraktion wieder in den Ausgangszustand zurückversetzt. Nachdem er durch antagonistische Muskeln gedehnt wurde, kann er sich wieder kontrahieren.

Aufgabe 15

In den Abbildungen sind zwei Muskeltypen des Menschen schematisch dargestellt.

a) Nennen Sie die Fachbezeichnungen für die dargestellten Muskeltypen.
b) Nennen Sie je zwei Beispiele für Stellen des Körpers, an denen die abgebildeten Muskeltypen liegen.
c) Durch welche Teile des Nervensystems werden die verschiedenen Muskeltypen versorgt?

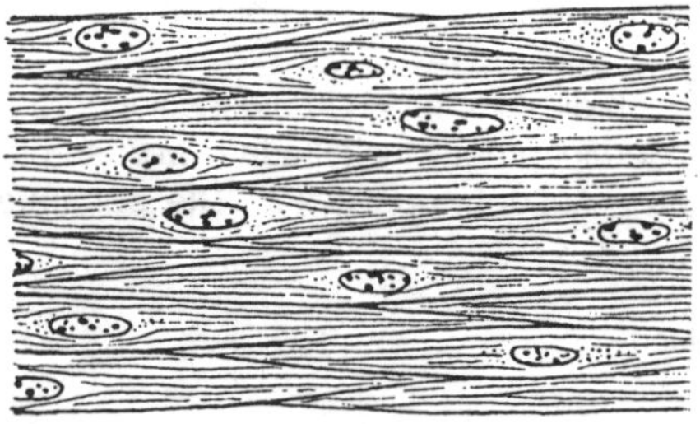

A

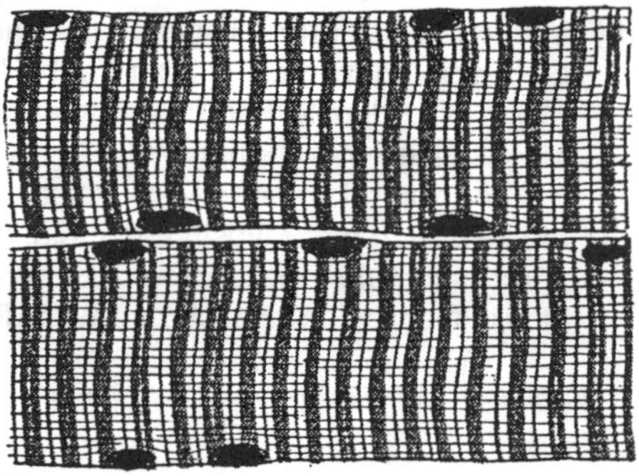

B

Abb. aus FALLER: Der Körper des Menschen, 1967.

Aufgabe 16

Nennen Sie bitte fünf Unterschiede in Bau und Leistung zwischen Skelett- und Eingeweidemuskulatur (Quergestreifte und Glatte Muskulatur).

Lösung 15

a) In Abb. „B" ist Skelettmuskulatur (Quergestreifte Muskulatur), in Abb. „A" Eingeweidemuskulatur (Glatte Muskulatur) dargestellt.

b) Alle Muskeln, die an Knochen ansetzen, sind Skelettmuskeln, also z.B. der Bizeps, der Trizeps, der Gesäßmuskel, die Zwischenrippenmuskulatur, die Kaumuskulatur, der Wadenmuskel und viele andere mehr. Aus Glatten Muskelzellen besteht z.B. die Muskulatur des Magens, des Darms, der Blase, der Gebärmutter, der Geschlechtsorgane, der Blutgefäße und einiger weiterer, ähnlicher Organe.

c) Die Skelettmuskeln werden vom motorischen Teil des Nervensystems versorgt, das vom ZNS (Gehirn und Rückenmark) ausgeht. Glatte Muskelzellen erhalten ihre Erregung vom Vegetativen Nervensystem (Sympathikus und Parasympathikus). Dieses Nervensystem arbeitet weitgehend unabhängig vom ZNS.

Lösung 16

Von den in der Tabelle aufgeführten Unterschieden sollten fünf genannt werden:

Skelettmuskulatur	Eingeweidemuskulatur
mehrere Zellkerne pro Muskelzelle	nur ein Zellkern pro Muskelzelle
Querbänderung durch gleichartige Anordnung aller Myosin- und Aktin-Elemente der Fibrillen	keine Querbänderung
hoher Energieverbrauch	geringer Energieverbrauch
hohe Ermüdbarkeit	geringe Ermüdbarkeit
willkürliche Steuerung	unwillkürliche Steuerung
kurze Kontraktionsdauer	lange Kontraktionsdauer

II Blut und Blutkreislauf

Zur Lösung der Aufgaben erforderliche Kenntnisse:

Blutzellen
- Bau der Blutzellen
  Größe, Form, Zellkern, Hämoglobin
- Bildung der Blutzellen
  Knochenmark
- Aufgaben der Blutzellen
  Atemgase, Immunreaktion
- Aufgaben des Blutplasmas
- Blutgruppen (AB0-System)
  Antigen, Antikörper, Verklumpung (Agglutination)

Blutgerinnung
- Wundverschluß
  Fibrinogen, Fibrin, Thrombose

Blutgefäße
- Arterien (Schlagadern)
  Pulswelle, Lungenarterie, Halsschlagader, Aorta
- Venen
  Obere und Untere Hohlvene
- Kapillaren
  Körper-, Lungen-, Gehirn-, Dünndarm-, Leberkapillaren
- embryonaler Kreislauf
  Placenta
- Lungenkreislauf
- Körperkreislauf

Herz
- Bau und Funktion der Vor- und Hauptkammern
- Funktion der Taschen- und Segelklappen
- EKG
- Herzkammerdruck
- Herzkammervolumen
- Herztöne
  systolisch, diastolisch
- Herzzyklus
  Füllungs-, Anspannungs-, Austreibungszeit
- Erregung des Herzmuskels (Vorhof-, Sinusknoten)

Blutdruck

- Blutdruckwerte
  systolisch, diastolisch
- Blutdruckmessung
- Bluttransport in den Venen
  Venenklappen, Pulswelle, Muskelkontraktionen

Aufgabe 1

Beschreiben Sie kurz sechs verschiedene Aufgaben des Blutes.

Aufgabe 2

Bei einem Test zu Feststellung der Blutgruppe eines Kindes und seiner Eltern stellt man folgendes fest:

- Die Mutter hat die Blutgruppe „A“. Die Blutkörperchen der Mutter verklumpen mit dem Blutserum des Vaters.
- Die Blutkörperchen des Kindes verklumpen ebenfalls mit dem Blutserum des Vaters.
- Das Serum des Kindes bringt weder die mütterlichen noch die väterlichen Blutkörperchen zum Verklumpen.

Welche Blutgruppen kann der Vater, welche das Kind haben? Begründen Sie Ihre Antwort kurz.

Lösung 1

Das Blut dient dazu:
- Sauerstoff aus der Luft aufzunehmen und von der Lunge zu allen Zellen des Körpers zu transportieren;
- Kohlenstoffdioxid, das durch den Stoffwechsel (Zellatmung) in den Zellen entsteht, zur Lunge zu transportieren, um es hier an die Luft abzugeben;
- Nährstoffe vom Darm zu allen Körperzellen zu transportieren;
- Abfallstoffe von den Zellen zu verschiedenen Stellen des Körpers zu transportieren, an denen sie abgebaut oder ausgeschieden werden;
- die durch den Stoffwechsel (Zellatmung) in den Zellen entstandene Wärme gleichmäßig im ganzen Körper zu verteilen;
- Zellen und Abwehrstoffe des Immunsystems zu transportieren;
- Hormone von den Hormondrüsen zu den Stellen des Körpers zu transportieren, an denen sie wirken können;
- Wunden zu verschließen (Blutplättchen, Thrombocyten und im Blut gelöste spezielle Eiweiße).

Transport von Zellen und Substanzen – Verteilung von Wärme – Wundverschluß

Lösung 2

Das Serum des Kindes bringt weder die Roten Blutkörperchen des Vaters noch der Mutter zum Verklumpen.
Daraus folgt: Das Serum des Kindes kann keine Anti-A-Antikörper enthalten, da ja sonst die Blutkörperchen der Mutter verklumpen müßten. Die Blutgruppe des Kindes kann daher nicht „B“ oder „0“ sein, muß also „A“ oder „AB“ sein.
Die Blutkörperchen der Mutter verklumpen mit dem Serum des Vaters. Der Vater kann also danach die Blutgruppe „B“ oder „0“ haben, da die Seren dieser Gruppen Anti-A-Antikörper enthalten.
Diese Antikörper können auch die Blutkörperchen des Kindes vom Typ „A“ oder „AB“ verklumpen.

Blutgruppen (AB0) –Antikörper – Serum – Rote Blutkörperchen

Aufgabe 3

In der Abbildung sind Rote Blutkörperchen des Menschen und des Frosches von oben und von der Seite gesehen gezeichnet. Der Maßstab ist in allen Zeichnungen gleich.

a) In beiden Fällen sind die Roten Blutkörperchen nicht kugelig, sondern abgeflacht und die Flächen sind nicht eben. Welche Vorteile ergeben sich aus diesem Bau?
b) Welche Vorteile bietet die geringe Größe der Roten Blutkörperchen des Menschen?

Blutkörperchen des Frosches — Blutkörperchen des Menschen

Abb. verändert nach GIERSBERG/RIETSCHEL: Vergleichende Anatomie der Wirbeltiere, 1968.

Aufgabe 4

a) Menschen, die hochgelegene Gebiete der Erde bewohnen, wie z. B. die Sherpas im Himalaya, die Bewohner des bolivianischen oder äthiopischen Hochlandes, haben zwar die gleiche Blutmenge wie Tieflandbewohner, aber sehr viel mehr Rote Blutkörperchen.

   Wie ist das zu erklären?

b) Spitzensportler unter den Leichtathleten trainieren zuweilen vor entscheidenden Wettkämpfen für einige Wochen in sehr hoch gelegenen Gebieten. Dadurch sind sie dann beim Wettkampf in tiefer liegenden Gegenden leistungsfähiger.

   Wodurch kommt es zur Erhöhung der Leistungsfähigkeit?

Lösung 3

a) Rote Blutkörperchen nehmen mit ihrer Oberfläche Sauerstoff auf und geben Kohlenstoffdioxid ab. Abgeflachte Körper haben eine größere Oberfläche als kugelige, können daher mehr Stoffe aufnehmen oder abgeben.
Die Eindellung der Fläche bei den Roten Blutkörperchen des Menschen und die Ausbuchtungen bei denen des Frosches vergrößern die Oberfläche und damit die Leistungsfähigkeit.

b) Die Roten Blutkörperchen des Mensch sind viel kleiner als die des Frosches. Dadurch ergibt sich, wenn man alle im Blut vorhandenen Roten Blutkörperchen zusammenrechnet, eine größere Gesamtoberfläche.
Die geringe Größe bringt aber noch einen weiteren Vorteil. Je kleiner die Roten Blutkörperchen sind, desto geringer kann der Durchmesser der Blutgefäße sein. Die Roten Blutkörperchen müssen sich ja auch in den kleinsten Blutgefäßen bewegen können. Bei sehr kleinen Roten Blutkörperchen können daher die Kapillarnetze sehr dicht und fein sein. Je dichter und feiner die Kapillarnetze sind, desto besser werden die Organe durchblutet.

Form der Roten Blutkörperchen – Transport der Atemgase – Kapillaren

Lösung 4

a) Mit Zunahme der Höhe über dem Meeresspiegel nimmt der Sauerstoffgehalt der Luft ab. Mit zunehmender Höhe kann das Blut daher pro Zeiteinheit immer weniger Sauerstoff aufnehmen. Menschen, die in großer Höhe leben, bilden mehr Rote Blutkörperchen, um trotz geringen Sauerstoffgehalts der Luft ihre Zellen noch mit ausreichenden Mengen von Sauerstoff versorgen zu können.

b) Während des Trainings in großen Höhen kann ein Sportler die Zahl seiner Roten Blutkörperchen erhöhen. Beim Wettkampf in tiefer liegenden Gebieten kann sein Blut danach sehr viel mehr Sauerstoff pro Zeiteinheit aufnehmen als das seiner Konkurrenten. So werden seine Muskelzellen besser mit Sauerstoff versorgt, die Zellatmung läuft verstärkt ab, es kann mehr Energie freigesetzt werden, und dadurch können die Muskeln stärker und länger kontrahieren.

Rote Blutkörperchen – Sauerstofftransport – Zellatmung

Aufgabe 5

Einige Arten von krebsartigen Blutkrankheiten lassen sich heute dadurch behandeln, daß Knochenmark eines gesunden Menschen auf den an Blutkrebs erkrankten übertragen wird.

Erläutern Sie bitte, warum diese Behandlungsmethode möglich ist.

Aufgabe 6

Im „Medicinischen Correspondenzblatt des württembergischen ärztlichen Vereins" veröffentlichte der Heilbronner Oberamtsphysikus (Amtsarzt) Klett am 18. April 1834 einen Bericht über eine Blutübertragung „mit augenscheinlich günstigem Erfolge".
Klett beschreibt darin, wie er durch Blutübertragungen Frauen retten konnte, die durch starke Blutungen sehr viel Blut verloren hatten.
Er berichtet in einem Fall davon, daß die Frau derart krank war, daß „sie an dem schnell herannahenden Tod nicht mehr zweifeln konnte". Den Erfolg der Transfusion mit Blut ihres Ehemannes schildert er so: „Die Kranke schlug beinahe augenblicklich die seither geschlossenen Augen auf, ...zurückkehrende Wärme schien die Marmorkälte mit einem Male zu verdrängen."
Trotz der erfolgreichen Blutübertragung fand die Veröffentlichung des Oberamtsphysikus Klett kein breites Echo in der medizinischen Fachwelt. Bluttransfusionen blieben riskant. Erst die Untersuchungen des Wiener Arztes Landsteiner (1901) ermöglichten es, Blut ohne Komplikationen zu übertragen.

a) Warum ist starker Blutverlust tödlich?
b) Beschreiben Sie die Komplikationen, die bis zu der von Landsteiner gemachten Entdeckung bei Bluttransfusionen auftreten konnten.

Aus Südwestpresse, Schwäbisches Tagblatt, 22.4.1993.

Lösung 5

Blutzellen entstehen im Knochenmark. Eine fehlerhafte Bildung läßt sich daher häufig durch die Transplantation von gesundem Knochenmark beseitigen. Transplantationen sind jedoch wegen der sehr oft auftretenden Unverträglichkeit des Spendergewebes mit dem Organismus des Empfängers schwierig.

Knochenmark – Blutzellen

Lösung 6

a) Bei starkem Blutverlust werden die vielfältigen Aufgaben, die das Blut im Körper erfüllt, nicht mehr in vollem Umfang ausgeführt. Der Tod tritt vor allem dadurch ein, daß der Körper wegen der zu geringen Mengen an Roten Blutkörperchen nicht mehr genügend Sauerstoff erhält und zu wenig CO_2 aus dem Körper entfernt wird.

b) Landsteiner entdeckte 1901 die Blutgruppen des Menschen (AB0-System). Bis zu dieser Zeit kam es bei der Übertragung von unverträglichen Blutgruppen zu Verklumpungsreaktionen (Agglutinationsreaktionen). Dabei werden Rote Blutkörperchen der einen Blutgruppe durch Antikörper im Serum der anderen Blutgruppe zu großen Klumpen verbunden. Diese Blutklumpen verstopfen die Kapillarsysteme und verhindern damit die Durchblutung wichtiger Organe, wie der Lunge oder des Gehirns.

Zusatz:
Bei Blutverlust sind auch die übrigen Leistungen des Blutes eingeschränkt, z.B. der Transport von Nährstoffen, die Entfernung von Abfallstoffen aus dem Stoffwechsel des Körpers, die Verteilung der Wärme im Körper, die Verteilung von Vitaminen, Hormonen und anderen Wirkstoffen, Verschluß von Wunden, Abwehr von Krankheitserregern und körperfremden Stoffen und die Pufferung (Konstanthalten der H-Ionen). Komplikationen treten aber auch dadurch auf, daß das Gefäßsystem nur noch unvollkommen gefüllt ist, und es dadurch schwierig wird, die verbliebene Blutmenge durch den Körper zu pumpen.
In der Regel kann der Mensch den Verlust von mehr als der Hälfte seines Blutes nicht überleben.

Blutverlust – Rote Blutkörperchen – Blutgruppe (AB0) – Antikörper – Verklumpung

Aufgabe 7

Nennen Sie die festen Bestandteile des Blutes und geben Sie in Stichworten jeweils die charakteristischen Merkmale an. Berücksichtigen Sie bei der Antwort nicht die Blutgerinnung.

Aufgabe 8

Welche der unten stehenden Aussagen sind richtig?

a) CO_2 wird im Blutplasma transportiert;
b) CO_2 wird in den Blutplättchen (Thrombocyten) transportiert;
c) CO_2 wird in den Roten Blutkörperchen (Erythrocyten) transportiert;
d) CO_2 wird in Antikörpern transportiert;
e) CO_2 wird in den Weißen Blutkörperchen (Leukocyten) transportiert;
f) O_2 wird im Blutplasma transportiert;
g) O_2 wird in den Roten Blutkörperchen transportiert;
h) Vitamine werden im Blutplasma transportiert;
i) Nährstoffe werden in den Roten Blutkörperchen (Erythrocyten) transportiert;
k) Nährstoffe werden in den Blutplättchen transportiert;
l) Hormone werden in den Roten Blutkörperchen transportiert;
m) Abfall- und Giftstoffe werden im Blutplasma transportiert;
n) Hormone werden in den Weißen Blutkörperchen transportiert.

Lösung 7

Die festen Bestandteile des Blutes sind folgende Zellen oder Teile von Zellen:

Rote Blutkörperchen (Erythrocyten): sehr zahlreich, klein, ohne Zellkern, rot gefärbt, enthalten Hämoglobin, rund, auf der Ober- und Unterseite mit einer leicht eingesenkten Mulde.

Weiße Blutkörperchen (Leukocyten): groß, mit Zellkern, können sich aktiv bewegen (Bewegung wie eine Amöbe), sehr viel weniger zahlreich als Rote Blutkörperchen.

Blutplättchen (Thrombocyten): Bruchstücke von Zellen (daher ohne Zellkern), sehr klein.

Rote Blutkörperchen – Weiße Blutkörperchen – Blutplättchen

Lösung 8

Richtig sind folgende Aussagen:

a) CO_2 wird im Blutplasma transportiert;
c) CO_2 wird in den Roten Blutkörperchen transportiert;
g) O_2 wird in den Roten Blutkörperchen transportiert;
h) Vitamine werden im Blutplasma transportiert;
m) Abfall- und Giftstoffe werden im Blutplasma transportiert;

Zusatz:
Ein sehr kleiner Teil des O_2 und etwa 60 % des CO_2 werden gelöst im Blutplasma transportiert.

Sauerstoff – Kohlenstoffdioxid – Rote Blutkörperchen – Blutplasma

Aufgabe 9

Welcher Unterschied besteht zwischen einer Thrombose und der Verklumpung von Blut nach Einspritzen einer fremden Blutgruppe?

Aufgabe 10

In unberührten Wäldern Brasiliens lebt eine Indianergruppe, die mit bisher unbekannten Pfeilgiften auf die Jagd geht. Die Spitzen der Pfeile werden in ein Gift getaucht, durch das Fibrinogen nicht mehr in Fibrin umgewandelt werden kann.

Welche Wirkung hat das Gift auf ein Beutetier?

Aus Naturwissenschaftliche Rundschau 2, 1991, S. 65

Lösung 9

Eine *Thrombose* entsteht, wenn Blut in einem bestimmten Bereich des Blutgefäßsystems gerinnt. Die Gerinnung läßt einen „Blutpfropf" entstehen, der aus Blutplättchen (Thrombocyten) besteht, die zusammen mit Blutzellen in einem Netz aus Eiweißfäden festgelegt sind. Die Eiweißfäden (Fibrin) entstehen unter Mitwirkung von Stoffen aus den Blutplättchen aus gelösten Eiweißen im Blutplasma.
Thrombosen sind besonders gefährlich, wenn sie die Blutgefäße, die den Herzmuskel versorgen, verstopfen oder in den Kapillarnetzen des Gehirns oder der Lunge liegen und diese Organe ganz oder teilweise außer Funktion setzen.

Zur *Verklumpung von Blut* kann es kommen, wenn Blut einer fremden Blutgruppe in die Blutbahn gerät. Dabei werden Rote Blutkörperchen (Erythrocyten) durch gegen sie wirksame Antikörper miteinander verbunden (Antigen-Antikörper-Reaktion). Es entstehen größere „Klumpen", die Gefäße verstopfen können. Im ABO-Blutsystem sind zwei Typen von Antikörpern wirksam. Anti-A-Antikörper können Rote Blutkörperchen der Blutgruppe A verklumpen und Anti-B-Antikörper verbinden die Roten Blutkörperchen der Blutgruppen B miteinander. Beide Typen von Antikörpern sind aber auch gegen Rote Blutkörperchen der Blutgruppe AB wirksam.

Blutgerinnung – Verklumpung – Blutplättchen – Fibrin – Antikörper – Rote Blutkörperchen

Lösung 10

Fibrin ist für die Blutgerinnung erforderlich. Wenn es nicht mehr gebildet wird, können Wunden nicht mehr verschlossen werden. Das Gift schwächt oder tötet die Tiere durch starken Blutverlust infolge nicht verschlossener innerer oder äußerer Wunden.

Blutgerinnung – Fibrin – Fibrinogen – Blutverlust

Aufgabe 11

In der Abbildung sind drei Blutgefäße dargestellt. In zwei dieser Gefäße kann man durch gedachte „Fenster“ hineinsehen.

a) Welche der Gefäße sind Venen, welche sind Arterien?
b) Wie kommt es zu den Anschwellungen im mittleren Blutgefäß?
c) In welche Richtungen fließt das Blut in den einzelnen Gefäßen?

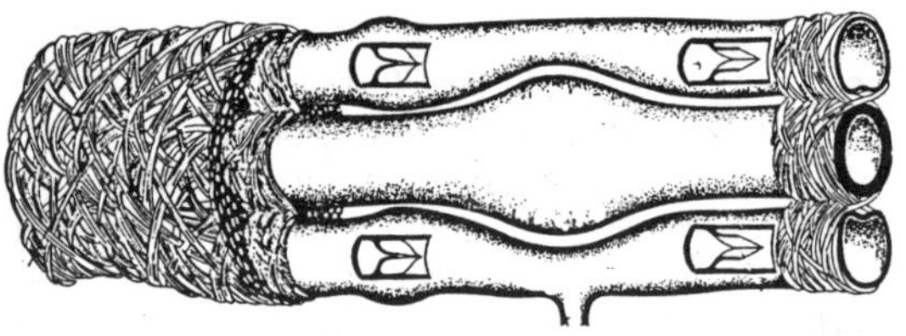

Abb. nach AHLHEIM (Hrsg.): Wie funktioniert das? Der Mensch und seine Krankheiten, 1973.

Aufgabe 12

Unten sind verschiedene Abfolgen von Stationen angegeben, die ein Blutkörperchen im Menschen nacheinander durchfließt. Einige dieser Abfolgen sind nicht möglich.

a) Herz – Lunge – Gehirn – Eingeweide – Herz;
b) Herz – Gehirn – Herz – Lunge – Herz;
c) Herz – Gehirn – Eingeweide – Herz – Lunge;
d) Herz – Körperkapillaren – Herz – Eingeweide – Herz – Lunge;
e) Herz – Lunge – Herz – Gehirn;
f) Herz – Lunge – Gehirn – Herz;
g) Herz – Eingeweide – Herz – Lunge – Herz.

Welche Angaben stellen die richtige Reihenfolge dar?

Lösung 11

a) Die oben und unten liegenden Gefäße sind Venen, das mittlere Gefäß ist eine Arterie.
b) Die Anschwellung im mittleren Gefäß kommt durch die Pulswelle zustande. Sie entsteht durch das mit starkem Druck aus der Hauptkammer des Herzens ausgepreßte Blut.
c) Im oberen und im unteren Gefäß fließt das Blut von links nach rechts. Das ist aus der Stellung der Venenklappen zu erschließen. Sie sind im Bild so angeordnet, daß das Blut nicht von rechts nach links durch die Vene fließen kann. Arterien pumpen ihr Blut in der Regel entgegengesetzt zur Fließrichtung in den Venen. Sehr wahrscheinlich wird also das Blut im mittleren Gefäß von rechts nach links gepumpt.

Vene – Arterie – Pulswelle – Venenklappen

Lösung 12

Richtige Reihenfolgen sind bei „b", „e" und bei „g" angegeben.

Die beiden Hauptkammern der Herzen versorgen beim Menschen, so wie bei allen Säugern, zwei getrennte Blutkreisläufe. Eine Herzkammer pumpt das Blut durch die Lungen und danach wieder zum Herzen zurück. Die andere versorgt den Körper (außer der Lunge) mit Blut.
Blut, das aus der Lunge ins Herz zurückkehrt, wird in den Körper gepumpt und Blut, das aus dem Körper ins Herz gelangt, wird vom Herzen in die Lunge befördert.
Alle Angaben, in denen auf die Lunge nicht das Herz als nächste Station folgt, sind daher falsch, ebenso die, in denen das Blut aus den Körperkapillaren ins Herz zurückfließen soll, um danach erneut in den Körper (Eingeweide) zu fließen.
Blut, das durch das Gehirn geströmt ist, kehrt sofort ins Herz zurück, ohne durch die unteren Körperbereiche zu fließen, ebenso fließt das Blut aus den unter dem Herzen liegenden Körperteilen sofort ins Herz zurück, ohne durch Kopf und Gehirn gepumpt zu werden. Die Abfolge, in denen nach dem Gehirn die Eingeweide angegeben sind, ist deshalb nicht richtig.

Aufgabe 13

Die Abbildung zeigt wichtige Blutgefäße im Bauch- und Brustraum des Menschen und die dort liegenden „Inneren Organe“. Blutgefäße, die sauerstoffreiches Blut führen, sind dunkler gezeichnet.

Nennen Sie die Fachbezeichnungen für die mit Kennziffern versehenen Organe und Blutgefäße.

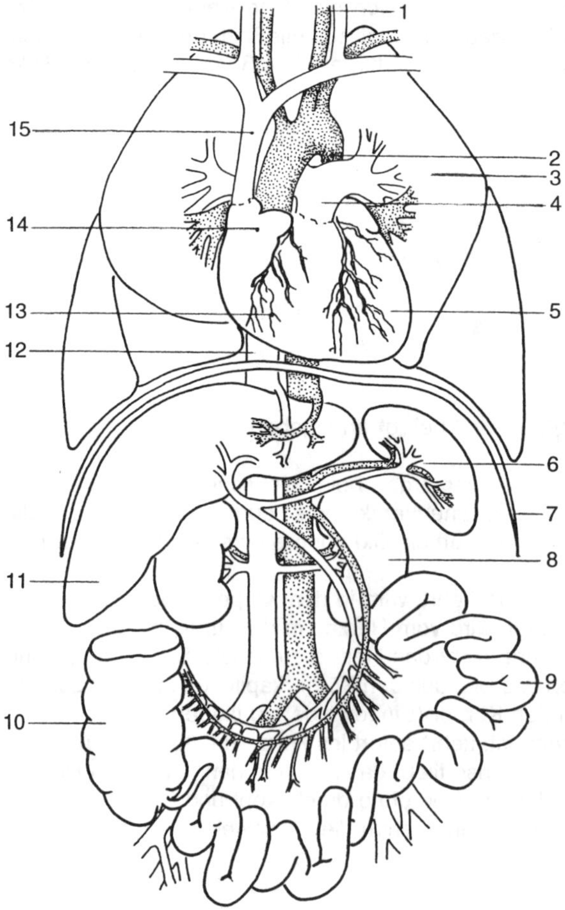

Abb. verändert nach SCHMEIL: Der Mensch, 1975.

Lösung 13

Gekennzeichnet sind mit:

1 Halsschlagader
2 Aorta (Große Körperschlagader)
3 Lunge
4 Lungenarterie
5 Linke Hauptkammer des Herzens
6 Milz
7 Zwerchfell
8 Niere
9 Dünndarm
10 Dickdarm
11 Leber
12 Untere Hohlvene
13 Rechte Hauptkammer des Herzens
14 Rechte Vorkammer des Herzens
15 Obere Hohlvene

Aufgabe 14

In der Abbildung ist der Blutkreislauf eines erwachsenen Menschen und der eines ungeborenen Kindes zu sehen.

a) Welche Organe werden durch die mit „1“, „2“ und „3“ gekennzeichneten Gefäße durchblutet?
b) Welche Organe sind mit „4“ und „5“ gekennzeichnet?
c) Das Gefäß „6“ ist nur im Blutkreislauf des ungeborenen Kindes vorhanden. Wie ist das zu erklären?
d) Welche Aufgabe erfüllt die mit „7“ gekennzeichnete Stelle?

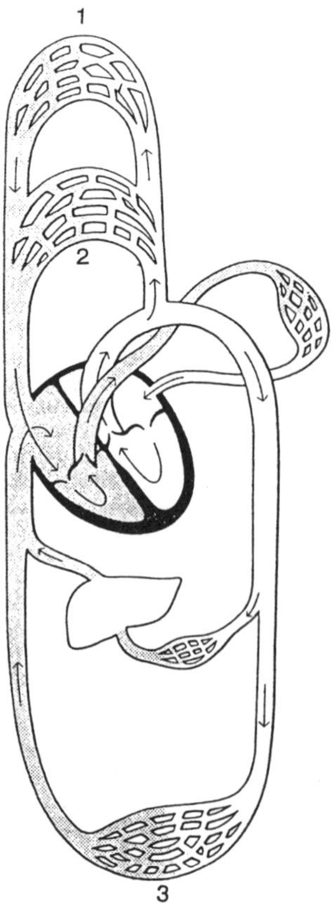

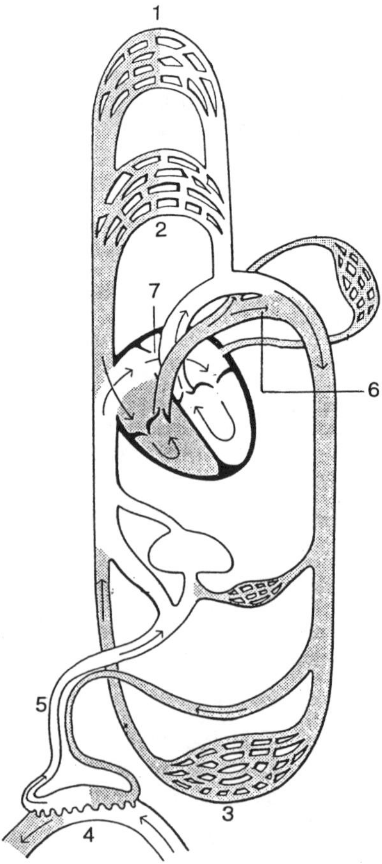

Abb. nach Pschyrembel: Klinisches Wörterbuch, 1990.

Lösung 14

a) Das Kapillarnetz „1“ liegt im Gehirn, mit „2“ sind die Kapillaren der oberen Körperbereiche und Extremitäten dargestellt und „3“ gibt die Gefäße der unteren Körperbereiche und Beine an.
b) Mit „4“ ist die Plazenta (Mutterkuchen) gekennzeichnet und „5“ stellt die Nabelschnur dar.
c) Das Gefäß „6“ (Ductus arteriosus = Ductus Botalli) leitet den größten Teil des Blutes in der Lungenarterie in die Körperarterie ab. Die Lunge des Fetus erhält so kein oder nur sehr wenig Blut. Im Mutterleib kann die Lunge keine Luft aufnehmen. Die starke Durchblutung wäre daher sinnlos, da ohne Luft kein Sauerstoff ins Blut übertreten und kein Kohlenstoffdioxid abgegeben werden könnte.
d) An der Stelle „7“ ist die Wand zwischen den beiden Vorhöfen durchbrochen (Foramen ovale). Durch diese Öffnung strömt, ähnlich wie durch das Gefäß „6“, ein Teil des Blutes aus dem Lungenkreislauf in den Körperkreislauf. Die rechte Herzkammer erhält dadurch beim ungeborenen Kind nicht die gesamte Blutmenge. Das ist auch nicht erforderlich, da die Lungen noch nicht in Funktion sind und daher nur wenig Blut benötigen.

Kapillarnetz – Plazenta – Nabelschnur – Lungenarterie – Körperarterie – Lungenatmung – Herzkammer – Vorhof

Aufgabe 15

Nennen Sie zwei Möglichkeiten des Bluttransports in den Venen.

Aufgabe 16

Der griechische Arzt Galen stellte schon im zweiten Jahrhundert nach Christus fest, daß das Blut in der linken Herzkammer des Menschen eine andere Farbe hat als in der rechten. Die Ursachen für die unterschiedliche Farbe suchte er in einer Art Filtervorgang im Herzen.

Welche Farbe hat das Blut in der linken, welche in der rechten Kammer des Herzens? Wie läßt sich die unterschiedliche Farbe heute erklären?

Nach BÄUMER, Ä.: Geschichte der Biologie, Bd. 1.

Lösung 15

In vielen Bereichen des Körpers liegen Arterien und Venen sehr dicht nebeneinander in einer gemeinsamen Bindegewebshülle. So kann jede durch die Arterie laufende Pulswelle eine über die Vene laufende Verengung hervorrufen, die das Blut in den Venen vor sich herschieben. Venenklappen, die wie Ventile wirken, sorgen dafür, daß das Blut nur in eine Richtung strömt.
Eine zweite Möglichkeit besteht im Transport durch Kontraktionen der Skelettmuskulatur. Bei der Kontraktion wird ein Skelettmuskel dicker. Der „Muskelbauch" drückt Bereiche von Venen zusammen und schiebt damit das Blut darin weiter. Körperliche Aktivität, z.B. im Sport, bringt daher immer auch eine Verbesserung des Bluttransports mit sich.
Eine dritte Möglichkeit ist der Transport durch den nach dem Durchtritt durch die Kapillarnetze noch vorhandenen Druck, der vom Herzen erzeugt wurde. In vielen Bereichen des Körpers ist dieser Druck aber sehr schwach und häufig nicht stark genug, um allein das Blut ins Herz zurückzubefördern.

Pulswelle – Skelettmuskulatur – Venenklappen

Lösung 16

Das Blut in der linken Herzkammer ist hellrot, das in der rechten Kammer ist dunkelrot.
Das Blut der linken Kammer kommt aus der Lunge und wird in den Körper gepumpt. In der Lunge tritt Sauerstoff aus der Luft ins Blut über und umgekehrt Kohlenstoffdioxid aus dem Blut in die Luft. Dadurch erhält das Blut eine hellrote Farbe.
In der rechten Herzkammer befindet sich Blut, das aus dem Körper zum Herzen zurückgefließt. Im Körper wird dem Blut Sauerstoff entzogen und Kohlendioxid tritt aus den Zellen ins Blut über. Sauerstoffarmes und kohlenstoffdioxidreiches Blut hat eine dunkelrote Farbe.

sauerstoffreiches/-armes Blut – kohlenstoffdioxidreiches/-armes Blut – Lungenkreislauf – Körperkreislauf

Aufgabe 17

Der griechische Arzt „Galen von Pergamon“ entwickelte im zweiten Jahrhundert nach Christus Vorstellungen über die Aufgaben des Blutes, die bis zur Entdeckung des Blutkreislaufs im 17. Jhdt. galten. Galens Auffassungen sind unten gekürzt und vereinfacht dargestellt.

> Das Blut entsteht in der Leber. Nachdem es dort wichtige Nährstoffe erhalten hat, strömt es als „venöses“ Blut zum Herzen.
>
> Vom Herzen aus fließt ein kleiner Teil des Blutes in die Lunge. Der größte Teil aber gelangt durch Poren in der Herzscheidewand in die linke Herzhälfte. Dabei wird das Blut gefiltert und verfeinert. In der linken Herzkammer erwärmt sich das Blut. Wärmequelle ist ein in der linken Herzkammer brennendes Feuer. Brennstoff sind fetthaltige Bestandteile des Blutes.
>
> Der Teil des Blutes, der ins Gehirn gelangt, kommt dort mit „psychischem Pneuma“ (spiritus animalis) in Berührung. Dadurch erhält das Blut die Fähigkeit, alle nervösen Prozesse zu steuern.

Vergleichen Sie die Auffassungen Galens mit den heute geltenden modernen Vorstellungen.

Nach Bäumer, Ä.: Geschichte der Biologie, Bd.1, 1991.

Lösung 17

Das Blut entsteht nicht in der Leber. Bildungsort der meisten Blutzellen ist das rote Knochenmark.
Die Leber gibt nur wenig Nährstoffe an das Blut ab. Die Anreicherung des Blutes mit Nährstoffen geschieht vor allem im Bereich des Kapillarnetzes um den Dünndarm.
Richtig ist die Auffassung Galens, daß das Blut von der Leber als „venöses“ Blut zum Herzen strömt.

Die Vorstellung Galens, die Herzscheidewand sei durch Poren durchbrochen, ist falsch. Das menschliche Herz ist vollständig in zwei Hauptkammern getrennt. Die Qualität des Blutes ändert sich im Herzen nicht, es kommt also nicht zu einer Filterung oder Verfeinerung.
Ebenso erwärmt sich das Blut nicht im Herzen, erst recht nicht durch ein brennendes Feuer. Die Wärme erhält das Blut durch die in allen Zellen ablaufende Zersetzung der Nährstoffe, vor allem des Zuckers, durch den Vorgang der Zellatmung.

Richtig ist, daß Blut vom Herzen in die Lunge fließt, allerdings ist es nicht nur ein Teil des Blutes, sondern die gesamte aus dem Körper kommende Blutmenge.
Nicht falsch ist auch die Erkenntnis, daß die fetthaltigen Bestandteile des Blutes als „Brennstoff“ zur Herstellung von Wärme dienen können.

Dem Blut die Fähigkeit zuzuschreiben, es könne nervöse Prozesse steuern, ist falsch. Das Blut führt den Nerven und dem Gehirn nur Sauerstoff und Nährstoffe zu und ermöglicht so die Prozesse in den Nervenzellen, die der nervösen Steuerung zugrunde liegen.
Richtig ist die Vorstellung, daß das Gehirn der Ort ist, an dem wichtige Prozesse der nervösen Steuerung ablaufen.

Rotes Knochenmark – Nährstoffaufnahme – Herzkammern – Zellatmung – nervöse Steuerung

Aufgabe 18

In der Abbildung ist ein menschliches Herz in der Ansicht von vorn zu sehen.

a) Nennen Sie die mit Kennziffern versehenen Teile.
b) Beschreiben Sie für die mit den Ziffern 1 - 3 gekennzeichneten Blutgefäße die Richtung des Bluttransportes, geben Sie dazu kurz Herkunft und Ziel des Blutes an.

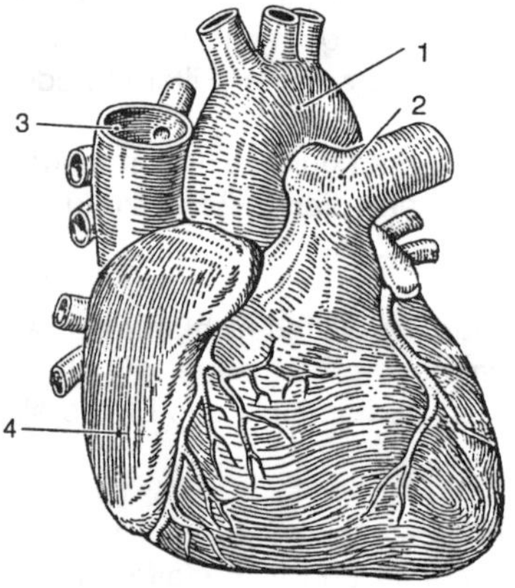

Abb. aus Mörike/Betz/Mergenthaler: Biologie des Menschen, 1989.

Aufgabe 19

In den Abbildungen sind schematische Längsschnitte durch das menschliche Herz zu sehen. Eines der beiden Schemata enthält Fehler.

Beschreiben Sie diese Fehler und erläutern Sie sie kurz.

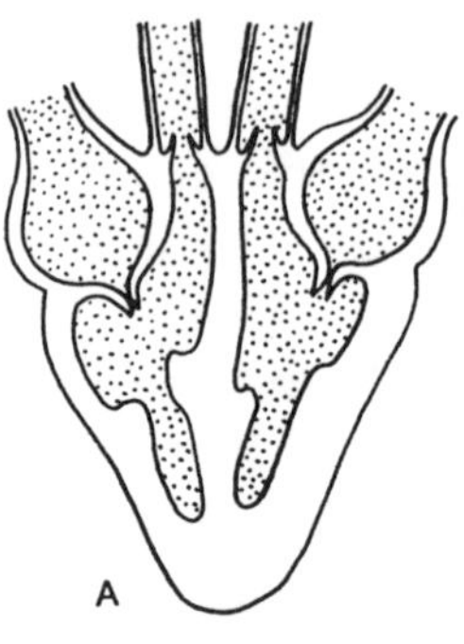

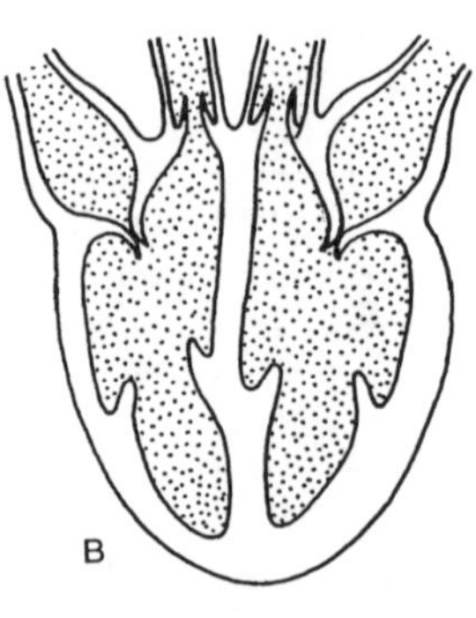

Lösung 18

a) Gekennzeichnet sind mit:

1 Aorta
2 Lungenarterie
3 Obere Hohlvene
4 Rechte Vorkammer

b) *Aorta*: Das Blut kommt aus der linken Hauptkammer und fließt in den Körper (Kapillaren der verschiedenen Körperteile außer der Lunge).
Lungenarterie: Das Blut kommt aus der rechten Hauptkammer und wird zur Lunge gepumpt.
Obere Hohlvene: Das Blut kommt aus dem Körper (aus dem Bereich oberhalb des Herzens, vor allem aus dem Kopf) und fließt in die rechte Vorkammer.

Aorta – Lungenarterie – Obere Hohlvene – Vorkammer – Hauptkammer – Kapillaren

Lösung 19

Fehlerhaft ist die Abbildung „B".Der Fehler liegt in der Stellung der Klappen. Die Segelklappen sind in Abb. „B" bei entspanntem Herzmuskel geschlossen, während die Taschenklappen sich geöffnet haben. Die Segelklappen schließen sich, wenn sich der Druck in den Hauptkammern des Herzens erhöht. Dazu muß sich die Herzmuskulatur kontrahieren. Im Bild jedoch ist der Herzmuskel entspannt. Die Taschenklappen öffnen sich erst, wenn der Druck des Blutes in den Hauptkammern den Druck in den Arterien übersteigt. Auch das kann nur bei Kontraktion des Herzmuskels geschehen. Im Bild sind sie bei geweiteten Herzkammern, also bei nicht kontrahierter Muskulatur, geöffnet dargestellt, sie müßten aber geschlossen sein.

Segelklappen – Taschenklappen – Herzmuskel

Aufgabe 20

In der Abbildung ist ein menschliches Herz schematisch im Längsschnitt dargestellt. Darin sind auch die Stellen eingetragen, von denen die Steuerimpulse für die Herzkontraktionen ausgehen.

Nennen Sie die Fachbezeichnungen dieser Stellen.

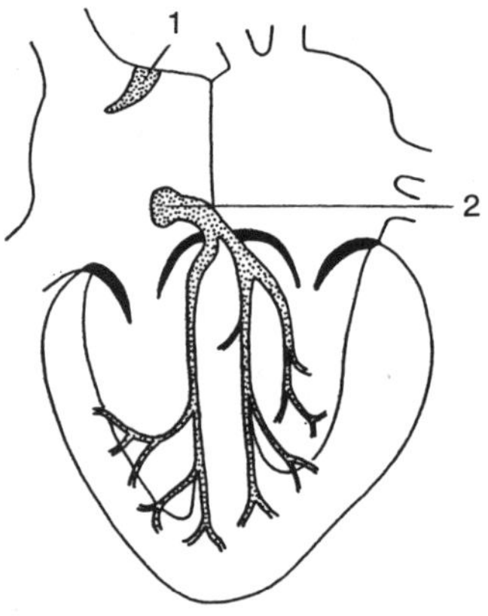

Abb. nach SCHMIDT/THEWS: Physiologie des Menschen, 1980.

Lösung 20

Mit „1“ ist der Vorhofknoten gekennzeichnet, mit „2“ der Sinusknoten (= Schrittmacher). In diesen Bereichen entstehen rhythmische Erregungen, die sich im ganzen Herzmuskel ausbreiten.

Vorhofknoten – Sinusknoten

Aufgabe 21

Das unten stehende Diagramm zeigt Vorgänge in der linken Herzhälfte des Menschen. Der Herzkammerdruck ist in der Grafik richtig dargestellt. Die anderen Kurven enthalten Fehler.

a) Erklären Sie, wo die Fehler liegen, und begründen Sie.
b) Der Aortendruck ist im Diagramm nicht dargestellt. Beschreiben Sie den Verlauf der Druckänderungen in der Aorta während der in der Grafik dargestellten Phasen der Herzaktivität.

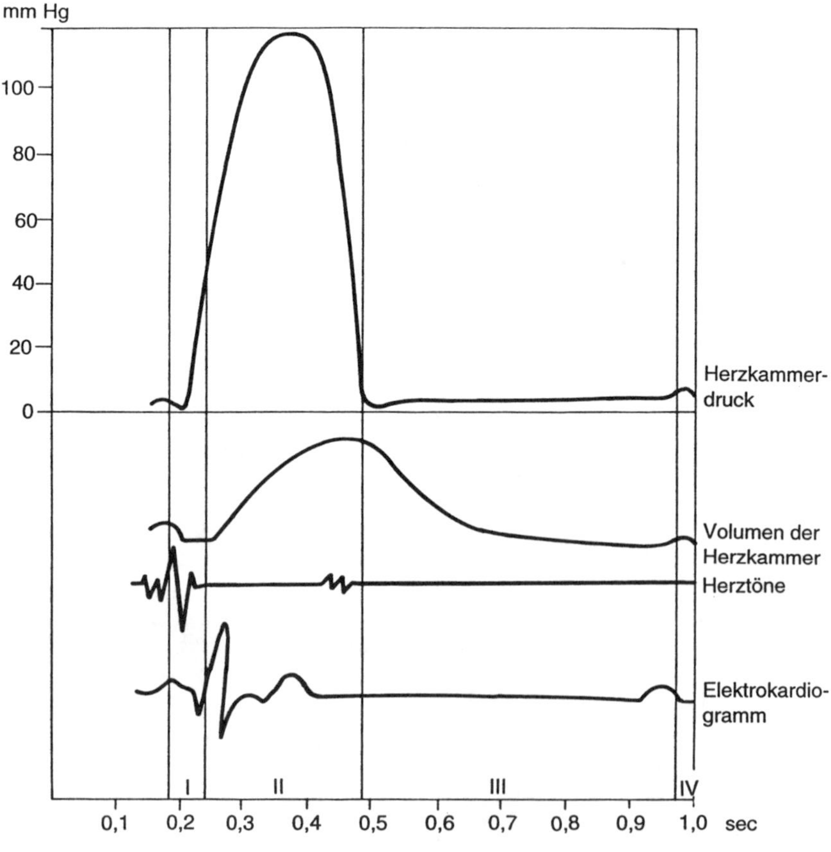

Abb. verändert nach Mörike/Betz/Mergenthaler: Biologie des Menschen, 1989 und Keidel: Physiologie, 1975.

Lösung 21

a) *Herzkammervolumen*: Es wird bei ansteigendem Kammerdruck in Phase II (Austreibungszeit) geringer, nicht größer, wie in der Grafik dargestellt In Phase I (Anspannungszeit) kontrahiert der Herzmuskel zwar, das Volumen bleibt aber gleich, da das Blut wegen der geschlossenen Klappen nicht ausströmen kann und die Blutflüssigkeit sich nicht komprimieren läßt. Dieser Vorgang ist im Schaubild richtig eingetragen. In Phase II dagegen öffnen sich die Taschenklappen, so daß Blut aus der Herzkammer in die Aorta gedrückt werden kann. Dadurch verringert sich das Volumen der Herzkammer.

Herztöne: Beide sind in der Grafik zu früh eingetragen. Der erste Ton entsteht, wenn sich die Segelklappen (zwischen Vorhof und Herzkammer) schließen. Das kann aber erst geschehen, wenn der Druck in der Herzkammer steigt. In der Grafik schließen die Segelklappen schon vor und sehr früh zur Zeit der beginnenden Drucksteigerung in der Herzkammer. Der zweite Ton entsteht durch das Schließen der Taschenklappen (zwischen Herzkammer und Schlagader). Die Taschenklappen schließen sich erst am Ende der Austreibungszeit, sobald der Druck in der Herzkammer unter dem Druck in der Schlagader (Aorta) abgefallen ist. In der Grafik ist der Herzton aber schon vor Ende der Austreibungszeit eingetragen.

Elektrokardiogramm: Im EKG wird gemessen, wann und wie stark der Herzmuskel elektrisch erregt wird. Die Folge der elektrischen Erregung eines Muskels ist die Kontraktion (Verkürzung der Muskelfasern).
Die Kammererregung, der starke Ausschlag im EKG, muß vor dem Anstieg des Herzkammerdrucks erfolgen, nicht erst zu Beginn der Phase II (Austreibungszeit), wie es in der Grafik dargestellt ist. Der Kammerdruck kann nur durch die Kontraktion des Herzmuskels erhöht werden. Der Herzmuskel muß aber, wenn er kontrahieren soll, zunächst erregt werden.

b) Während der Phase I ist der Aortendruck höher als der Kammerdruck. Die Taschenklappen werden vom hohen Blutdruck in der Aorta geschlossen gehalten. Zu Beginn der Phase II (Austreibungszeit) aber übersteigt der Herzkammerdruck den Blutdruck in der Aorta. Die Taschenklappen öffnen sich, und das aus der linken Herzkammer ausgepumpte Blut erhöht den Druck in der Aorta. Der Aortendruck bleibt bis gegen Ende der Austreibungszeit geringer als der Herzkammerdruck (sonst könnte das Blut nicht aus der Kammer in die Aorta strömen). Am Ende der Phase II sinkt der Kammerdruck unter den Aortendruck. Dadurch werden die Taschenklappen geschlossen. So kann das Blut in der Aorta nicht mehr in die Kammer zurückfließen. Der Druck in der Aorta wird gehalten. Er liegt in Phase III (Füllungszeit) sehr viel höher als der Herzkammerdruck.

Herzkammervolumen – Herztöne – EKG – Aortendruck – Kammerdruck – Austreibungszeit – Anspannungszeit – Taschenklappen – Segelklappen – Kammererregung

Aufgabe 22

Welche der folgenden Aussagen sind richtig? – Erläutern Sie die für richtig befundenen Antworten kurz.

Der systolische Blutdruckwert
a) wird im EKG gemessen;
b) ist höher als der diastolische Blutdruckwert;
c) ist niedriger als der diastolische Blutdruckwert;
d) gibt die Anzahl der Erythrocyten (Rote Blutkörperchen) pro Volumeneinheit an;
e) ist abhängig vom Herzkammerdruck;
f) wird im Alter in der Regel höher;
g) wird im Alter in der Regel geringer;
h) gibt den Druck in den Venen an;
i) gibt den Druck in den Kapillaren an;
k) gibt den Druck in den Arterien an;
l) wird zwischen den Pulswellen gemessen.

Aufgabe 23

Ist der Blutdruck in der Lungenvene oder in der Lungenarterie stärker? Begründen Sie Ihre Antwort.

Lösung 22

Richtig sind folgende Aussagen

Der systolische Blutdruckwert
b) ist höher als der diastolische Blutdruckwert;
e) ist abhängig vom Herzkammerdruck;
f) wird im Alter in der Regel höher;
k) gibt den Druck in den Arterien an.

Erläuterungen:
Systole ist die Bezeichnung für die Phase der Herzaktivität, in der sich der Herzmuskel kontrahiert. Der systolische Blutdruckwert gibt die Stärke des Drucks an, mit dem das Blut in den vom Herzen weg führenden Gefäßen (Arterien) zu der Zeit fließt, in der Blut aus der Herzkammer herausgepumpt wird.
In der Zeit, in der der Herzmuskel nicht aktiv ist, in der Diastole, sinkt der Druck in den Arterien wieder langsam ab.
Im Alter verengen sich viele Blutgefäße und die Elastizität ihrer Wände nimmt ab. Die Durchblutung vieler Organe ist dann nur noch mit gesteigertem Blutdruck möglich,

systolischer Blutdruckwert – diastolischer Blutdruckwert – Herzkammerdruck – Venen – Arterien – Kapillaren – Pulswelle

Lösung 23

Der Blutdruck ist in der Lungenarterie stärker als in der Lungenvene.
Begründung: In der Lungenarterie fließt das Blut vom Herzen zu den Lungen. Das Blut steht unter starkem Druck, den es in der rechten Herzkammer durch die Kontraktion des Herzmuskels erhalten hat. In der Lunge teilen sich die Arterien in außerordentlich zahlreiche, sehr dünne Gefäße auf (Kapillarnetz der Lunge). Der Querschnitt aller Kapillaren der Lungen zusammengenommen ist sehr hoch. Der starke Reibungswiderstand an den Wänden der Kapillaren und der hohe Gesamtquerschnitt läßt den Blutdruck in der Lunge stark absinken. Die Lungenvene steht daher nur unter geringem Druck.

Aufgabe 24

Beim Messen des Blutdrucks mit herkömmlichen Geräten geht man so vor:
Zunächst werden durch eine aufblasbare Manschette am Oberarm die Gefäße so stark unter Druck gesetzt, daß kein Blut mehr hindurchfließen kann. Im nächsten Schritt läßt man den Druck der Manschette so weit sinken, bis mit dem in der Ellenbeuge angesetzten Stethoskop ein pochender Ton zu hören ist. Der Manschettendruck, bei dem der erste Ton auftritt, wird auf der Quecksilbersäule des Gerätes abgelesen.
Nachdem man so den ersten Bludruckwert festgestellt hat, läßt man den Manschettendruck weiter sinken, bis keine Töne mehr zu hören sind. Der Druck, bei dem die Töne verschwinden, stellt den zweiten Blutdruckwert dar.

a) Wie heißen die Fachbezeichnungen für den ersten und den zweiten Blutdruckwert? Wie kommt es zu unterschiedlichen Druckwerten in den Gefäßen?
b) Welche Vorgänge führen bei nachlassendem Manschettendruck zum Auftreten des pochenden Tons und wie kommt es zum Verschwinden der Töne?

Lösung 24

a) Der erste Blutdruckwert wird als systolischer Blutdruckwert, der zweite als diastolischer Wert bezeichnet.
Der systolische Wert gibt die Stärke des Drucks an, den das Herz auf das Blut ausübt, wenn sich sein Muskel kontrahiert, wenn also das Blut als Pulswelle in die Arterien gedrückt wird. Der diastolische Wert gibt den Druck während der Zeit an, in der sich das Herz mit Blut füllt, in der also der Herzmuskel erschlafft ist.

b) Bei hohem Manschettendruck werden die Arterien so stark gequetscht, daß kein Blut durch sie hindurchfließen kann. Wenn bei sinkendem Manschettendruck der Druck der Pulswelle ein wenig höher ist als der Manschettendruck, werden die Arterien für einen Augenblick geöffnet, Blut strömt hindurch und nach der Pulswelle fallen die Wände der Arterien wieder zusammen. Der Ton entsteht durch die zusammenklappenden Wände der Arterien.
Bei diesem Druck der Manschette kann das Blut also nur durch die Arterien im Oberarm fließen, wenn sich der Herzmuskel kontrahiert.
Die Töne verschwinden, wenn der Manschettendruck so weit sinkt, daß auch der Druck zwischen den Kontraktionen des Herzmuskels höher ist als der Manschettendruck. Die Wände der Arterien fallen dann nach der Pulswelle nicht mehr zusammen, da der Blutdruck den Manschettendruck übersteigt.

systolischer Blutdruckwert – diastolischer Blutdruckwert – Pulswelle – Arterie

III Atmung

Zur Lösung der Aufgaben erforderliche Kenntnisse:

Atemmechanik

- Brustatmung
  Zwischenrippenmuskulatur, Elastizität des Brustkorbs, Lungenfell, Rippenfell, Adhäsion
- Bauchatmung
  Zwerchfell

Diffusion der Atemgase

- Lungenbläschen
  Baumerkmale, Kapillarnetz, Gesamtoberfläche
- Konzentrationsunterschiede
  Zellatmung, O_2- und CO_2-Transport, CO_2- und CO-Vergiftung

Aufgabe 1

Früher versuchte man, durch Injektionen zwischen Rippenfell und Lungenfell (Lungenoberfläche) erkrankte Lungenbereiche außer Funktion zu setzen.

Wählen Sie aus den unten aufgeführten Substanzen die aus, die injiziert wurde, um Lungenteile ruhig zu stellen. Begründen Sie Ihre Antwort.

- Blut
- Wasser
- Blutplasma
- Luft
- Atemgifte
- Antikörper

Aufgabe 2

In den Zeichnungen ist der Brustkorb des Menschen von der Seite gesehen dargestellt.

a) In welcher der beiden Abbildungen hat der Mensch gerade eingeatmet? Beschreiben Sie den Vorgang.
b) Welches Organ ist mit der gestrichelten Linie dargestellt?
c) Wie geschieht das Ausatmen?

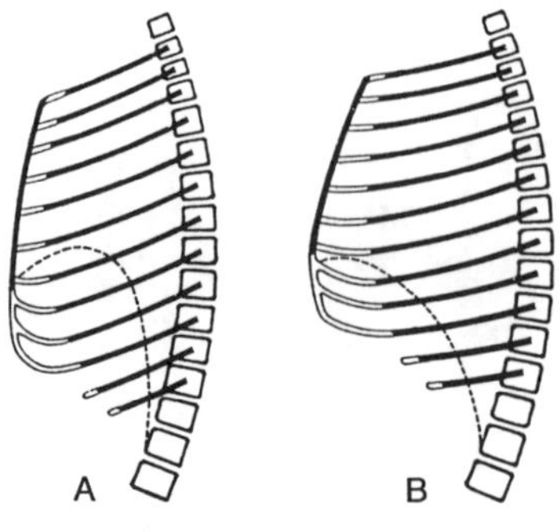

Abb. aus Götz, R. u. a.: Biologie. Energie – Stoff – Leben, 1977

Lösung 1

Injiziert wurde Luft.
Der sehr schmale Raum zwischen Lungenfell und Rippenfell ist beim gesunden Menschen mit einer Flüssigkeit gefüllt. Dadurch entstehen zwischen Lungenoberfläche und dem Rippenfell Adhäsionskräfte, so daß die Lunge Bewegungen des Brustkorbs mitmacht. Bei einer Erweiterung der Brust wird auch die Lunge größer. Dadurch strömt Luft ein. Wenn Luft zwischen Lungen- und Rippenfell gerät, wird der Flüssigkeitsfilm unterbrochen und die Adhäsionskräfte können nicht mehr wirken. In Folge dessen macht die Lunge im betroffenen Bereich die Bewegungen des Brustkorbs nicht mehr mit, sie ist ruhig gestellt.

Atemmechanik – Adhäsion

Lösung 2

a) In Abbildung „B“ hat der Mensch gerade eingeatmet. Die Lunge ist mit Atemluft gefüllt.
Zum Einatmen hebt die Zwischenrippenmuskulatur die schräg nach unten gestellten Rippen und vergrößert damit das Volumen des Brustkorbs. Die Lunge macht diese Bewegung mit, da ihre feuchte Oberfläche der inneren Auskleidung des Brustkorbs, dem Rippenfell, sehr eng aufliegt, so daß Adhäsionskräfte entstehen. Durch die Vergrößerung entsteht ein Sog, durch den Luft von außen durch Mund oder Nase und die Luftröhre in die Lunge strömt.
b) Die gestrichelte Linie gibt die Lage des Zwerchfells an.
Bei Hebung der Rippen dehnt sich das Zwerchfell und vergrößert den Brustraum nach unten. Das Zwerchfell kann sich aber auch durch Eigenkontraktion in eine weniger gebogene, tiefer liegende Stellung bringen.
c) Nach dem Einatmen endet die Kontraktion der Zwischenrippenmuskulatur. Durch die Eigenelastizität des Brustkorbs nehmen die Rippen wieder ihre schräg nach unten gerichtete Stellung ein. Das Volumen des Brustkorbs verringert sich und der größte Teil der Luft wird nach außen gepreßt.

Zwischenrippenmuskulatur – Rippenfell – Zwerchfell – Elastizität des Brustkorbs

Aufgabe 3

Ein Kohlenstoffmonoxid-Gehalt (CO) der Atemluft von 0,025 % führt nach ca. einer halben Stunde zum Tod durch Ersticken. Kohlenstoffdioxid (CO_2) ist erst in viel höherer Konzentration tödlich.

Erklären Sie die unterschiedliche Giftigkeit.

Aufgabe 4

Beim Tauchen in großen Tiefen lösen sich größere Gasmengen im Blut als in der Nähe der Wasseroberfläche.
Wenn ein Taucher schnell aus großer Tiefe hochsteigt, perlt das gelöste Gas zum Teil als kleine Bläschen ins Blut aus.

Erläutern Sie, warum das ausperlende Gas zu schwerwiegenden Funktionsstörungen des Körpers bis hin zum Tod führen kann.

Nach STEGEMANN: Leistungsphysiologie. Physiologische Grundlagen der Arbeit und des Sports, 1977.

Lösung 3

Kohlenstoffmonoxid bindet sich viel stärker und löst sich viel schwerer vom Hämoglobin in den Roten Blutkörperchen als O_2. Bei hohem CO-Gehalt der Atemluft steht daher ein großer Teil des Hämoglobins nicht mehr zur Aufnahme von O_2 zur Verfügung. Viele Bindungsbereiche des Hämoglobins sind durch CO-Moleküle blockiert. Der Mensch erstickt, weil sein Blut in der Lunge nicht mehr genügend Sauerstoff aufnehmen kann, um die Zellen der Körpers ausreichend zu versorgen.
Ein hoher Gehalt von Kohlenstoffdioxid in der eingeatmeten Luft verhindert die Abgabe dieses Gases aus dem Blut. Der Transport der Atemgase, also auch des CO_2, aus dem Blut in die Lunge erfolgt durch Diffusion. Voraussetzung für die Diffusion sind unterschiedliche Konzentrationen eines gelösten Stoffes in benachbarten Bereichen. Daher kann Diffusion aus den Kapillaren der Lunge in die Lungenbläschen nur ablaufen, wenn der CO_2-Gehalt des Blutes höher ist als der in der Luft der Lunge. Der Gehalt von CO_2 in der eingeatmeten Luft liegt normalerweise bei 0,03 %. Im Blut, das aus dem Körper über das Herz in die Lunge fließt, ist der CO_2-Gehalt sehr viel höher, weil die Körperzellen in ihrem Stoffwechsel ständig CO_2 produzieren und an das Blut abgeben. Erst wenn sich der Gehalt von CO_2 in der eingeatmeten Luft dem Wert im Blut nähert, kommt es zu Störungen. CO_2 kann dann nicht mehr genügend schnell aus dem Blut und damit auch bald nicht mehr aus den Zellen entfernt werden. Der Mensch stirbt an der Unfähigkeit, CO_2 aus dem Körper zu entfernen (die tödliche Konzentration von CO_2 in der eingeatmeten Luft wird ab etwa 10 % erreicht). Die Fähigkeit des Hämoglobins, Sauerstoff zu binden, wird von einer Erhöhung des Gehaltes an CO_2 nicht beeinträchtigt.

Hämoglobin – Sauerstoffaufnahme – Diffusion

Lösung 4

Die im Blut auftretenden Gasbläschen können sich in den Kapillarnetzen festsetzen und so den Blutstrom erheblich behindern. Dadurch können lebenswichtige Organe, vor allem das Gehirn und der Herzmuskel (Herzkranzgefäße = Coronargefäße), nicht mehr aureichend durchblutet werden. In schweren Fällen versagt die Versorgung des Gehirns oder des Herzmuskels mit Blut (und damit mit Sauerstoff) so weit, daß der Mensch stirbt.

Kapillarnetz – Sauerstoffversorgung

Aufgabe 5

Was würde geschehen, wenn man mit einer Pumpe die beim normalen Ausatmen in der Lunge verbleibende Restluft absaugen würde?

Aufgabe 6

Nennen Sie fünf Faktoren, die für den Übertritt der Atemgase vom Blut in die Luft und umgekehrt (Gasaustausch) von Bedeutung sind.

Lösung 5

Die Lungenbläschen würden wegen ihre feuchten Oberfläche zusammenkleben. Das Einatmen wäre erschwert oder unmöglich.

Lösung 6

Von Bedeutung sind:

1. Die Konzentrationsunterschiede der Atemgase zwischen Blut und Luft in der Lunge: Je größer der Konzentrationsunterschied ist, desto mehr Gasteilchen können pro Zeiteinheit das Blut verlassen oder ins Blut übertreten.
2. Die Feuchtigkeit der Wände der Lungenbläschen: Die Gase können nur durch die Wände der Lungenbläschen wandern, wenn diese feucht sind.
3. Die Dicke der Wand der Lungenbläschen: Die Wände müssen sehr dünn sein, um die Gas durchtreten zu lassen.
4. Die Gesamtfläche der Lungenbläschen: Je größer die Fläche aller Lungenbläschen zusammengenommen ist, um so mehr Gasteilchen können pro Zeiteinheit ausgetauscht werden.
5. Die Menge der Roten Blutkörperchen: Die Gasteilchen werden in den Roten Blutkörperchen transportiert. Je größer die Zahl der Blutkörperchen ist, desto mehr Gas kann aufgenommen oder abgegeben werden.

Konzentrationsunterschiede – Lungenbläschen – Rote Blutkörperchen

IV Nährstoffe und Verdauung

Zur Lösung der Aufgaben erforderliche Kenntnisse:

Nährstoffe

- Kohlenhydrate
  Einzel-, Doppel,- Vielfachzucker, Glucose, Stärke, Glykogen
- Fette
  Glycerin, Fettsäuren
- Eiweiß (Protein)
  Aminosäuren, essentielle Aminosäuren, biologische Wertigkeit, pflanzliche und tierische Eiweiße, Mangelkrankheiten
- Verwendung der Nährstoffe
  Energiestoffwechsel, Baustoffwechsel, Reservestoffe
- Energieumsatz
  Grundumsatz, Arbeitsumsatz, Energiegehalt (Joule)
- Vitamine
  Enzyme, Biokatalyse, Mangelkrankheiten

Verdauung

- Speicheldrüsen
  Amylase, Stärke
- Speiseröhre
  Muskulatur, Transport
- Magen
  Magenmuskulatur, Magenschleimhaut, Proteasen, Salzsäure, Magenstraße, Magenkrankheiten
- Zwölffingerdarm
  Bauchspeicheldrüse, Verdauungsenzyme, Gallensaft, Emulgierung
- Dünndarm
  Verdauungsenzyme, Resorption (Falten, Zotten, Stäbchensaum, Kapillarnetz), Muskulatur
- Dickdarm
  Wasserresorption, Darmbakterien
- Leber
  Gallensaft, Syntheseleistungen

Aufgabe 1

Ein erwachsener, gesunder Mensch nimmt in einem Jahr etwa 500 kg Nahrung (ungefähr das Siebenfache seines Körpergewichts) zu sich, ohne daß sich dadurch sein Körpergewicht erhöht.

Wie ist das zu erklären?

Nach MÖRIKE/BETZ/MERGENTHALER: Biologie des Menschen, 1989.

Aufgabe 2

Auch bei völliger Ruhe muß der Körper Energie umsetzen.

a) Wie lautet die Fachbezeichnung für den Energiebedarf des Körpers bei völliger Ruhe?
b) Nennen Sie Beispiele für Vorgänge im Körper, die auch bei vollständiger Ruhe ablaufen und Energie verbrauchen.

Lösung 1

Die in der Nahrung enthaltenen Nährstoffe dienen dem Menschen als Energielieferanten und als Baustoffe für die Zellen seines Körpers.
Energieliefernde Nährstoffe werden vollständig zu CO_2 und Wasser abgebaut. Da diese Stoffe mit der Atemluft und über den Harn und die Haut wieder ausgeschieden werden, können sie das Gewicht nicht erhöhen.
Als Baustoff genutzte Nährstoffe erhöhen ebenfalls das Gewicht nicht, da sie in den Zellen nur gegen das bereits vorhandene alte Material ausgetauscht werden.
500 kg sind also erforderlich, um den Energie- und Baustoffwechsel eines erwachsenen Menschen zu decken. Nimmt ein Mensch mehr zu sich, lagert sein Körper die überschüssigen Nährstoffmengen in Form von Fett ab. Sein Körpergewicht nimmt zu.

Zusatz:
Fachleute haben berechnet, daß in sieben Jahren die Baustoffe aller Gewebe fast vollständig durch Bestandteile von aufgenommenen Nährstoffen erneuert werden.

Energiestoffwechsel – Baustoffwechsel – Reservefett

Lösung 2

a) Der Energieverbrauch des Körpers bei völliger Ruhe wird als „Grundumsatz" bezeichnet.
b) Auch bei völliger Ruhe muß der Körper einige Vorgänge ablaufen lassen, um seine Zellen am Leben zu erhalten. – Beispiele:
   - Muskelarbeit des Herzens,
   - Ausscheidungsarbeit der Niere,
   - chemische Prozesse in der Leber (z.B Abbau von Giften),
   - Bildung von Sekreten in Drüsen,
   - Prozesse zu Bildung der Körperwärme,
   - elektrische Arbeit der Nerven und des Gehirns zur Steuerung des Körpers,
   - Arbeit der Atemmuskulatur zur Versorgung der Zellen des Körpers mit Sauerstoff und zur Entsorgung von Kohlenstoffdioxid.

Aufgabe 3

Ob in einer Flüssigkeit Einzel- oder Doppelzucker vorhanden sind, kann man durch eine bestimmte chemische Reaktion nachweisen. Dabei entstehen, wenn Einzel- oder Doppelzucker in der Probe vorhanden sind, rötliche Flocken (Niederschlag) im Reagenzglas, die sich unten am Boden absetzen. Als Nachweis für Vielfachzucker eignet sich dieses Verfahren nicht.

Entscheiden Sie bitte, ob dieser rote Niederschlag bei der Prüfung folgender Proben auftreten kann. – Begründen Sie Ihre Antworten kurz.

a) Fein zerriebene Rinderleber, vermischt mit Speichel, Temperatur im Reagenzglas +36 °C.
b) Apfelsaft.
c) Eiweiß eines Hühnereis, vermischt mit Speichel, Temperatur im Reagenzglas +36 °C.
d) Brot, in Wasser aufgelöst, vermischt mit Speichel, Temperatur im Reagenzglas + 36 °C, Zugabe von 0,5 % Salzsäure.
e) Brot, in Wasser aufgelöst, vermischt mit Speichel, Temperatur im Reagenzglas +2 °C.
f) Brot, in Wasser aufgelöst, vermischt mit Speichel, Temperatur im Reagenzglas 30 °C.
g) Brot, in Wasser aufgelöst, keine Zugabe von Speichel, Temperatur im Reagenzglas 36 °C.

Lösung 3

a) Das Glykogen der Leber, ein Vielfachzucker, kann durch das Speichelenzym „Amylase“ nicht abgebaut werden. Amylase wirkt spezifisch nur auf den Vielfachzucker Stärke. Da Glykogen also nicht in Einfach- oder Doppelzucker abgebaut wird, kann kein roter Niederschlag auftreten.

b) Apfelsaft ist süß. Die Süße wird von den enthaltenen Einfach und Doppelzuckern hervorgerufen. In dieser Probe fallen daher rote Flocken aus.

c) Eiweiß besteht nicht aus Einzel- oder Doppelzuckern. In dieser Probe tritt daher kein Niederschlag auf.

d) Brot enthält Stärke. Das im Speichel enthaltene Enzym Amylase ist in der Lage, die Stärke in Doppelzucker zu spalten. Allerdings kann Amylase nur im alkalischen Milieu des Speichels wirken. Die Zugabe von Salzsäure macht die Probe sauer, so daß die Stärke nicht gespalten wird, und daher auch kein Niederschlag auftreten kann.

e) Die Amylase im Speichel kann die Stärke im Brot wegen der geringen Temperatur nur sehr langsam in Doppelzucker spalten. Der rote Niederschlag tritt daher nicht oder nur nach langer Einwirkung des Speichels in sehr geringem Maße auf.

f) Die Stärke im Brot kann durch die Amylase des Speichels in Doppelzucker abgebaut werden. Da auch die Temperatur fast den normalen Verhältnissen im Körper entspricht, erfolgt der Abbau auch schnell. Es fallen daher rote Flocken aus der Lösung aus.

g) Die Stärke im Brot kann nicht in Einzel- oder Doppelzucker gespalten werden, da kein Speichel zugefügt wurde und damit auch keine Amylase vorhanden ist, die in der Lage wäre, den Abbau der Stärke auszulösen. Es tritt daher in dieser Probe kein Niederschlag auf.

Zusatz:
Der Nachweis von Einzel- oder Doppelzucker erfolgt durch die „Fehling'sche Probe“. Dazu wird eine Kupfer(II)-sulfat-Lösung (Fehling I) mit einer wäßrigen Lösung von Natriumhydroxid und Kaliumnatriumtartrat (Fehling II) versetzt. Durch die Reaktion dieser Lösung mit Einzel- oder Doppelzuckern entsteht ziegelrotes Kupfer(I)-oxid, das als rote Flocken ausfällt; es lassen sich allerdings nicht alle Einzel- oder Doppelzucker durch die Fehling'sche Probe nachweisen.

Glykogen – Stärke – Eiweiß – Amylase

Aufgabe 4

In der Tabelle sind Werte des Grundumsatzes für Menschen in verschiedenem Alter angegeben.

a) Erklären Sie bitte, wie es zu den Unterschieden kommt.
b) Die Werte der Tabelle gelten für Mitteleuropa. In Nordeuropa werden im Grundumsatz höhere Joule-Mengen verbraucht.
   Erklären Sie bitte den höheren Joule-Bedarf.

Lebensalter	**Grundumsatz pro Tag**
1 bis 3 Jahre	3000 – 3500 kJ
5 bis 7 Jahre	4000 – 4500 kJ
7 bis 10 Jahre	5000 – 5500 kJ
10 bis 12 Jahre	6300 – 6800 kJ
12 und älter	7500 kJ

Nach Mörike/Betz/Mergenthaler: Biologie des Menschen, 1989.

Aufgabe 5

Der Grundumsatz beträgt bei Frauen durchschnittlich 5 800 kJ/Tag, bei Männern durchschnittlich 7 100 kJ/Tag.

Wie ist der Unterschied zu erklären?

Nach Schmidt/Thews: Physiologie des Menschen, 1980.

Aufgabe 6

Welche Gruppen von chemischen Verbindungen benutzt der menschliche Körper, um Energie zu speichern?

Lösung 4

a) Im Grundumsatz wird die Energiemenge gemessen, die die Zellen des Körpers benötigen, um ihre Lebensfunktionen aufrecht zu erhalten. Kinder haben weniger Zellen als Erwachsene. Sie verbrauchen daher weniger Energie, ihr Grundumsatz ist geringer.
b) Die durchschnittlichen Lufttemperaturen sind in Nordeuropa geringer als in Mitteleuropa. Wegen des höheren Wärmeverlustes müssen daher Nordeuropäer mehr Energie aufnehmen, um die Körpertemperatur immer gleich hoch halten zu können. Ihr Grundumsatz ist höher als der von Mitteleuropäern.

Lösung 5

Der Grundumsatz gibt die Energiemenge an, die gerade noch ausreicht, um die Lebensprozesse in den Zellen des Körpers ablaufen zu lassen. Wird der Wert unterschritten, sterben Zellen und später der gesamte Organismus. Männer sind im Durchschnitt schwerer als Frauen. Ihr Körper besteht aus mehr Zellen. Mehr Zellen benötigen eine größere Energiemenge für ihre Lebensprozesse. Daher liegt der durchschnittliche Wert des Grundumsatzes bei Männern höher als bei Frauen.

Lösung 6

Zur Energiespeicherung dienen:
- Kohlenhydrate, vor allem Glykogen in den Muskeln und in der Leber;
- Fette (im Unterhautbindegewebe, in den Muskeln und in einigen anderen Organen des Körpers)

Eiweiße (Proteine) dienen vor allem zum Aufbau der Zellen und als Enzyme zur Steuerung des Stoffwechsels. Sie werden nicht aufgebaut, um Energie zu speichern. Aus Eiweiß kann der Körper aber im „Notfall“ Energie gewinnen, wenn alle anderen Energiequellen (Kohlenhydrate und Fette) versiegt sind.

Glykogen – Fett – Eiweiß

Aufgabe 7

Unten sind „Brennwerte" für die drei Hauptgruppen der Nährstoffe angegeben.

Ordnen Sie bitte die Werte den verschiedenen Nährstoffgruppen zu.
a) 17 kJ/g
b) 17 kJ/g
c) 39 kJ/g

Nach MÖRIKE/BETZ/MERGENTHALER: Biologie des Menschen, 1989.

Aufgabe 8

Der Grundumsatz beträgt bei Frauen durchschnittlich 5 800 kJ/Tag.

In der Tabelle ist der Energieverbrauch bei verschiedenen Tätigkeiten angegeben. Die Angaben beziehen sich auf 30 Minuten.

Energieverbrauch bei verschiedenen Tätigkeiten

sitzend schreiben	130 kJ
Geschirr spülen	320 kJ
zu Fuß gehen	400 kJ
Tischtennis spielen	700 kJ
Tanzen (Walzer)	720 kJ
Tanzen (Rock'n Roll)	1 260 kJ
Dauerlauf (12 km/h)	1 250 kJ
Brustschwimmen	1 450 kJ

Wieviel Energie verbraucht eine Frau in vier Stunden, wenn sie zwei Stunden sitzend schreibt und danach einen zweistündigen Spaziergang macht?

Nach KLEVER: Klevers Kalorien-Kompass, 1976

Lösung 7

Die höchste Energiemenge enthält Fett. Daher ist dieser Nährstoff auch als Reservestoff besser geeignet als Kohlenhydrate und Eiweiße. Die Angabe von 39 kJ bezeichnet demnach die Energiemenge, die sich aus 1 g Fett gewinnen läßt. Aus 1 g Eiweiß oder Kohlenhydraten kann der Körper nur 17 kJ freisetzen.

Lösung 8

Die gesamte Menge an Energie, die eine Frau verbraucht, wenn sie zwei Stunden sitzend schreibt und zwei Stunden spazierengeht, berechnet sich so:

Zwei Stunden sitzend schreiben:	4 x 130 kJ =	520 kJ
Zwei Stunden spazierengehen:	4 x 400 kJ =	1 600 kJ
Grundumsatz:		
für 24 Stunden = 5 800 kJ		
für 4 Stunden: 5 800 kJ : 6 = 970 kJ		970 kJ
		3 090 kJ

Der Gesamtenergieverbrauch (Grund- und Arbeitsumsatz) beträgt für diesen Fall ca. 3 090 kJ.

Aufgabe 9

In der Tabelle ist angegeben, welchen Gehalt an Nährstoffen verschiedene Lebensmittel haben. Die Angaben beziehen sich auf 100 g des genießbaren Teils der Nahrungsmittel.

Ordnen Sie die folgenden Nahrungsmittel den Kennbuchstaben der Tabelle zu:

– Möhren	– Butter
– Kartoffeln	– Käse
– Walnüsse	– Rindfleisch
– Nudeln	– Linsen

Der genießbare Anteil von 100 g enthält:

	Eiweiß	Kohlenhydrate	Fett
A	1	1	84
B	37	4	11
C	14	76	3
D	16	0	19
E	2	20	0
F	1	7	0
G	18	14	62
H	26	59	1

Nach GÖTZ u. a.: Biologie. Energie – Stoff – Leben, 1977.

Aufgabe 10

Kwashiorkor ist eine berüchtigte Eiweiß-Mangelkrankheit. Mit Maiseiweiß ließ sich die Krankheit früher nicht heilen. Seit man die neue Maissorte „opaque 2" verwendet, ist eine Heilung neben der Behandlung mit Milch, Fleisch und Fisch auch durch Zufuhr von Maiseiweiß möglich.

Worin unterscheidet sich die Sorte „opaque 2" von den alten Maissorten?

Lösung 9

A	= Butter	E	= Kartoffeln
B	= Käse	F	= Möhren
C	= Nudeln	G	= Walnüsse
D	= Rindfleisch	H	= Linsen

Lösung 10

Die Zellen des menschlichen Körpers sind in der Lage, eigenes Eiweiß aufzubauen. Von den dafür erforderlichen 20 Aminosäuren stellt der Körper einige selber her, andere jedoch kann er nicht synthetisieren, sondern er muß sie mit der Nahrung aufnehmen. Diese essentiellen Aminosäuren sind in tierischem Eiweiß in viel höherem Anteil enthalten als in pflanzlichem. Eiweißmangelkrankheiten treten daher nicht nur bei ungenügender Menge an Eiweiß in der Nahrung auf, sondern auch, wenn das zur Verfügung stehende Eiweiß zu wenig essentielle Aminosäuren enthält.
Die alten Maissorten enthielten zu wenig essentielle Aminosäuren, um damit Kwashiorkor heilen zu können. Mit „opaque 2“ wurde ein Mais gezüchtet, der einen höheren Anteil an diesen lebensnotwendigen Aminosäuren hat, sein Eiweiß ist biologisch höherwertig.

essentielle Aminosäuren – biologische Wertigkeit

Aufgabe 11

In einem Experiment wurden Ratten ausschließlich mit Weizenbrot ernährt.
In der Grafik ist dargestellt, welchen Einfluß auf die Gewichtszunahme es hatte, wenn dem Brot verschiedene Mengen der Aminosäure „Lysin" zugesetzt wurde.

Erläutern Sie den Verlauf der Kurve.

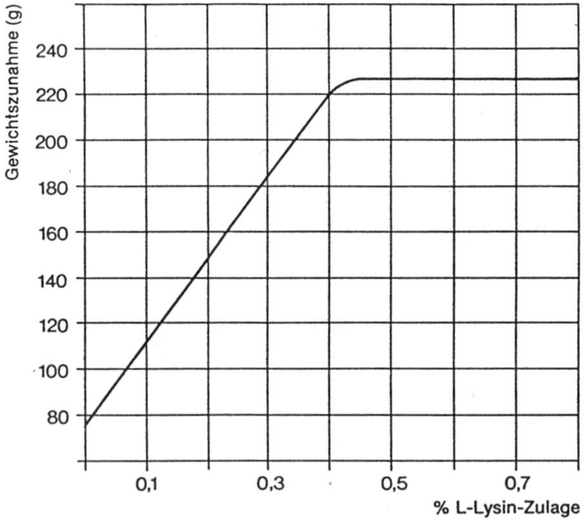

Aus Bruggaier/Kallus: Einführung in die Biologie des Menschen, Lehrerhandbuch, 1974.

Aufgabe 12

Die Ernährungswissenschaftler unterscheiden seit langem Proteine nach ihrer biologischen Wertigkeit.

a) Welche Proteine sind in der Regel biologisch minderwertig, welche sind biologisch hochwertig?
b) Welche Kennzeichen machen ein Protein biologisch minderwertig?
c) Erklären Sie, warum ein Gemisch aus biologisch minderwertigen Eiweißen einen sehr hohen biologischen Wert haben kann.

Lösung 11

Wenn die Ratten zum Brot Lysin erhalten, nehmen sie schneller an Gewicht zu. Lysin ist eine essentielle Aminosäure. Die Ratten können also diese Aminosäure nicht selber herstellen. Je mehr Lysin in der Nahrung vorhanden ist, desto mehr lysinhaltiges eigenes Eiweiß können sie in ihren Zellen synthetisieren.
Von einer bestimmten Menge an nimmt das Gewicht der Ratten trotz Steigerung der Lysinmenge in der Nahrung nicht mehr zu.
Von diesem Wert an ist ausreichend Lysin vorhanden, um die höchstmögliche Menge von lysinhaltigem Eiweiß zu bilden. Der Gehalt an Lysin im Körper ist gesättigt. Daß das Gewicht nicht noch weiter zunimmt, ist durch andere Faktoren, nicht durch den Lysingehalt der Nahrung, zu erklären.

essentielle Aminosäuren – Eiweiß

Lösung 12

a) Pflanzliche Eiweiße sind in der Regel von geringerer biologischer Wertigkeit als tierische. Eine Ausnahme machen die Eiweiße bestimmter Hülsenfrüchtler (Schmetterlingsblüter), vor allem der Sojabohne.
b) Entscheidend für die biologische Wertigkeit ist der Gehalt eines Proteins an essentiellen Aminosäuren. Das sind Aminosäuren, die der menschliche Körper nicht selber herstellen kann, sondern mit der Nahrung aufnehmen muß. Ein biologisch hochwertiges Eiweiß enthält verschiedene essentielle Aminosäuren in ausreichender Menge.
c) Minderwertige Eiweiße können sich in der Art der fehlenden essentiellen Aminosäuren unterscheiden. Wenn verschiedene minderwertige Eiweiße gemischt sind, kann unter Umständen der Mangel an einer bestimmten Aminosäure eines Eiweißes durch das andere Eiweiß, das diese bestimmte Aminosäure in ausreichender Menge enthält, ausgeglichen werden. So können bei einer günstigen Mischung alle erforderlichen essentiellen Aminosäuren in ausreichender Menge vorhanden sein.
   Bei ausschließlich vegetarischer Ernährung ist die Gefahr, nicht alle Aminosäuren in ausreichender Menge zu erhalten, größer als bei zusätzlicher Ernährung mit Fleisch, Fisch, Eiern und Milchprodukten. Vegetarier müssen daher stärker auf eine abwechslungsreiche (gemischte) Kost achten.

essentielle Aminosäuren – Schmetterlingsblütler – Sojabohne – vegetarische Ernährung

Aufgabe 13

In den Jahren 1860-61 gelang es einer Gruppe von Europäern zum ersten Mal, den australischen Kontinent von Süden nach Norden zu durchqueren. Diese Expedition fand jedoch ein tragisches Ende. Von den vier Teilnehmern überlebte nur einer.
Die Expedition dauerte länger als geplant, und auf dem Rückweg gingen die Lebensmittel aus. Die Europäer mußten sich von dem ernähren, was der australische Busch bot. Unter anderem ernährten sie sich in starkem Maße von den Sporenfrüchten des Kleefarns. Die Sporen dieser Pflanze enthalten jedoch ein Enzym, daß ein bestimmtes Vitamin zerstört. Dabei werden auch die Vorräte des Vitamins im menschlichen Körper angegriffen.
Der überlebende Teilnehmer der Expedition schilderte die Symptome, die nach Genuß dieser Pflanze auftraten so:

> „Unsere Beine waren fast gelähmt, so daß es jedem von uns schwer fiel, ein paar Meter zurückzulegen.....selbst eine leichte Steigung zu bewältigen, verursachte selbst ohne Gepäck eine unbeschreibliches Gefühl von Schmerz und Hilflosigkeit. Die allgemeine Mattigkeit machte einen für alles unfähig."

Die Expeditionsteilnehmer starben an Nervenlähmungen und der sehr starken Schwächung der Herzmuskulatur.

a) Welches Vitamin wird von dem im Kleefarn enthaltenen Enzym zerstört?
b) Welche Krankheit tritt bei Mangel an diesem Vitamin auf?
c) Bei fehlerhafter Ernährung kann diese Krankheit auch auftreten, ohne daß das Enzym des Kleefarns in der Nahrung vorhanden ist. Wo können die Fehler in der Ernährung liegen?

Nach Naturwissenschaftliche Rundschau 3, 1995, S. 116f.

Aufgabe 14

Erläutern Sie, warum der Mangel an Vitaminen schwerwiegende Folgen für den Ablauf der Lebensprozesse im Körper haben kann, obwohl sie ja nur in sehr geringen Mengen aufgenommen werden müssen.

Lösung 13

a) Zerstört wird Vitamin B_1 (Thiamin).
b) Bei Mangel an Vitamin B_1 tritt Beri-Beri auf.
c) Bei ausschließlicher Ernährung mit geschältem und poliertem Reis oder mit sehr fein gemahlenem Weizenmehl kann es zu einem Mangel an Vitamin B_1 kommen. Vitamin B_1 liegt im Keimling des Getreidekorns. Vollkornprodukte sind daher anderen Getreideprodukten vorzuziehen.

Lösung 14

Vitamine sind Teil vieler Enzyme. Die meisten chemischen Prozesse in den Zellen laufen nur in Gegenwart von Enzymen ab. Enzyme wirken in dieser Eigenschaft als „Biokatalysatoren" schon in sehr geringer Menge, da sie bei den jeweiligen Reaktionen nicht verbraucht werden. Daher kommt der Körper auch mit nur geringen Mengen von Vitaminen aus. Bei Mangel an Vitaminen jedoch können nicht mehr ausreichende Enzyme gebildet werden, und infolgedessen laufen viele lebenswichtige Reaktionen in den Zellen nicht mehr oder nur noch in ungenügendem Maße ab.

Enzym – Biokatalysator

Aufgabe 15

Die Bauchspeicheldrüse sondert unter anderem einen Verdauungssaft ab.

a) In welchen Teil des Verdauungskanals wird dieses Sekret abgegeben?
b) Welche für die Verdauung wirksamen Stoffe enthält dieses Sekret der Bauchspeicheldrüse?
c) In welchem Milieu wirken diese Verdauungsstoffe?
d) Welche Nährstoffe werden in dem bei „a“ genannten Teil des Verdauungskanals abgebaut?

Aufgabe 16

a) Welche Aufgaben hat der Dünndarm?
b) Beschreiben Sie kurz Baumerkmale des Dünndarms, die der Erfüllung dieser Aufgaben dienen.

Lösung 15

a) Das Sekret der Bauchspeicheldrüse wird durch einen Ausführgang in den Zwölffingerdarm abgegeben.
b) Der Bauchspeichel enthält als Verdauungsenzyme Amylasen, Maltasen, Lipasen und Proteasen.
c) Die Enzyme des Bauchspeichels wirken im alkalischen Milieu.
d) Die Amylasen bauen den Vielfachzucker Stärke zu Doppelzucker (Maltose) ab; die Maltasen bauen den Doppelzucker Maltose (Malzzucker) zu Einfachzucker (Glucose, Traubenzucker) ab; die Lipasen zerlegen Fette in Fettsäuren und Glycerin; die Proteasen spalten Eiweiße (Proteine) in ihre Einzelbausteine (Aminosäuren).

Zwölffingerdarm – Verdauungsenzyme

Lösung 16

a) Im Dünndarm werden Eiweiße, Fette und Kohlenhydrate zu kleinen Bestandteilen abgebaut. Die kleinen „Bausteine" dieser Nährstoffe treten durch die Darmwand ins Blut über (Resorption der Nährstoffe).
b) In der Schleimhaut der Dünndarmwand liegen Drüsenzellen, die Verdauungssaft bilden. Dieses Sekret enthält verschiedene Enzyme. Die Proteasen in ihm zerlegen Eiweiße, die Lipasen bauen Fette ab und einige Enzymtypen spalten Doppelzucker. (Im Zwölffingerdarm werden auch Vielfachzucker z.B. Stärke abgebaut.)
Die Resorption der zerlegten Nährstoffe geschieht an der Darmwand. Durch Falten und Zotten in der Darmwand und durch einen „Stäbchensaum" (Mikrovilli) der am weitesten zum Darminnenraum hin liegenden Zellen entsteht eine sehr große Fläche, an der in kurzer Zeit sehr viele Teilchen aufgenommen werden können.
Die Darmwand ist von einem dichten Geflecht von Kapillargefäßen durchzogen (Kapillarnetz). Dadurch können sehr viele Nährstoffteilchen pro Zeiteinheit ins Blut übertreten. Die Wände der Blutgefäße und die Schicht der über ihnen liegenden Zellen ist sehr dünn, um die Wanderung der Teilchen aus dem Darm ins Blut zu erleichtern.
In der Darmwand liegen Muskeln. Sie bewegen den Darm, drücken den Nahrungsbrei weiter, sorgen dafür, daß er mit Verdauungssaft durchmischt wird und daß auch weiter innen liegende Bereiche mit der Darmwand in Kontakt kommen.

Eiweiß – Fett – Kohlenhydrate – Resorption – Kapillarnetz – Zotten – MIkrovilli

Aufgabe 17

Einige wichtige Aufgaben der Leber lassen sich in zwei Gruppen zusammenfassen als
- Abbau von Substanzen
- Aufbau von Substanzen

a) Ordnen sie die unten genannten, in der Leber ablaufenden Vorgänge den beiden Gruppen zu:
   Umbau von:
   - Glykogen zu Glucose
   - Glucose zu Glykogen
   - Eiweiß zu Harnstoff
   - Aminosäure zu Eiweiß
   - Hämoglobin zu Gallenfarbstoff
   - Glucose zu Kohlenstoffdioxid und Wasser

b) Die Leber ist ein wichtiger Bestandteil des Regelmechanismus, der den Blutzuckerspiegel konstant hält. Durch welche Vorgänge kann die Leber den Blutzuckerspiegel verändern?
c) Beschreiben Sie die Aufgabe der Leber als Verdauungsdrüse.
d) Nennen Sie zwei weitere Aufgaben der Leber.

Aufgabe 18

Im Fleisch ist Glykogen enthalten. Gykogen ist ein Vielfachzucker.

Kann dieser Bestandteil des Fleisches in der Mundhöhle abgebaut werden? Begründen Sie Ihre Antwort bitte.

Lösung 17

a) *Abgebaut* werden in der Leber:
- Glykogen zu Glucose
- Eiweiß zu Harnstoff
- Hämoglobin zu Gallenfarbstoff
- Glucose zu Wasser und Kohlenstoffdioxid (= normale, in allen Zellen ablaufende Zellatmung)

Aufgebaut werden in der Leber:
- Glucose zu Glykogen
- Aminosäuren zu Eiweiß

b) Die Leber kann den Blutzuckerspiegel bei Bedarf erhöhen. Sie baut dazu in ihren Zellen gespeichertes Glykogen zu Glucose ab. Wenn der Blutzuckerspiegel zu stark steigt, kann die Leber dem Blut Glucose entziehen und zu Glykogen umwandeln.

c) Die Leber bildet Gallensaft. Er wird in der Gallenblase gespeichert und bei Bedarf in den Zwölffingerdarm abgegeben. Gallensaft teilt Fett in sehr feine Tröpfen auf (emulgiert Fett). Dadurch wird die Gesamtoberfläche der Fette größer, so daß fettabbauende Enzyme schneller wirken können.

d) Weitere Aufgaben der Leber sind:
- Entgiftung der Körpers durch Abbau von Schadstoffen, wie z.B. Medikamente, Alkohol u.ä.
- Abbau weißer Blutkörperchen und überalterter Roter Blutkörperchen
- Zersetzen von Bakterien und anderer in die Blutbahn eingedrungener Schadorganismen
- Speicherung von Blut
- Bildung für die Blutgerinnung wichtiger Stoffe (Fibrinogen)
- Abbau von Hormonen

Glykogen – Glucose – Eiweiß – Harnstoff – Hämoglobin – Gallenfarbstoff – Kohlenstoffdioxid – Gallensaft – Emulsion – Abbau von Giftstoffen, Erregern, Blutzellen, Hormonen – Blutspeicher – Blutgerinnung

Angaben unter anderem aus: bsv, 2/3, S.37 u. FALLER, Körper des Menschen, 1967..

Lösung 18

Der Speichel enthält ein Enzym, die Amylase, das den Vielfachzucker „Stärke“ zu Doppelzuckern zerlegen kann. Glykogen jedoch ist anders aufgebaut als Stärke. Amylase ist daher nicht in der Lage, den Vielfachzucker im Fleisch abzubauen. Fleisch wird also in der Mundhöhle nicht verdaut.

Amylase – Stärke

Aufgabe 19

Aus welchem Grund werden Bakterienerkrankungen des Darms, wie Typhus und Cholera, vor allem durch verseuchte Getränke hervorgerufen? (Solche Getränke enthalten sehr viele krankheitserregende Bakterien.)

Aufgabe 20

Wenn die Leber zu wenig Gallensaft produziert oder wenn der Abfluß aus der Gallenblase behindert ist, wird Fett und Eiweiß im Darm nur unvollständig verdaut.

Erläutern Sie, warum es zu dieser unvollständigen Verdauung kommt.

Aufgabe 21

Woran liegt es, daß man sich nach dem Genuß von Milch viel länger satt fühlt, als wenn man andere Getränke zu sich genommen hat?

Lösung 19

Getränke bleiben nur kurze Zeit im Magen. Sie fließen durch eine aus zwei Falten bestehende Rinne, die „Magenstraße“, schnell zum Magenausgang und in den Darm ab. Durch die geringe Verweildauer hat die Salzsäure im Magensaft nur kurz Zeit, auf die Bakterien in den Getränken einzuwirken. Bei starkem Bakteriengehalt werden nicht mehr alle Krankheitskeime abgetötet, einige gelangen in den Darm, vermehren sich dort und rufen Krankheiten hervor.

Magenstraße – Salzsäure

Lösung 20

Die Verdauung von Fett ist gestört, da durch zu wenig Gallensaft Fette in der Nahrung nicht ausreichend emulgiert werden. Die Emulgierung verteilt Fett in feinste Tröpfchen und sorgt damit für eine sehr große Oberfläche der Fetttropfen, so daß die Fett abbauenden Enzym (Lipasen) besser arbeiten können.
Infolge der verminderten Fettverdauung wird auch die Fetthülle, die in der Regel die Eiweißmoleküle umgibt, nicht mehr ausreichend abgebaut. Viele Proteinmoleküle bleiben daher ganz oder teilweise vor den abbauenden Enzymen, den Proteasen geschützt.

Emulgierung – Lipasen – Proteasen

Lösung 21

Der Magensaft enthält Salzsäure. Die Säure bringt das in der Milch gelöste Eiweiß zur Ausfällung, so daß es eine halbfeste Substanz bildet.
Andere nicht eiweißhaltige Getränke durchfließen den Magen schnell in einer Art Rinne, der Magenstraße, die direkt zum Magenausgang führt. Sie können den Magen daher nur für sehr kurze Zeit füllen. Das Sättigungsgefühl entsteht unter anderem auch durch die Dehnung der Magenwände. Das Eiweiß der Milch füllt den Magen und dehnt damit die Wände für längere Zeit als eiweißfreie Getränke. Milch kann den Hunger daher besser stillen als andere Getränke.

Ausfällen von Eiweiß – Magenstraße

Aufgabe 22

Welche Vorgänge im Magen können zur Entstehung von Magengeschwüren führen?

Aufgabe 23

Daß die Nahrung im Körper des Menschen vollständig umgewandelt wird, ist leicht einzusehen. Bis vor etwa 200 Jahren war man aber in der Medizin der Meinung, die Nahrungsmittel würden im Magen einfach verfaulen oder sich in einem ähnlichen Vorgang zersetzen. Den ersten Beweis dafür, daß der Magen am Abbau der Nahrung aktiv beteiligt ist, erbrachte 1770 der französische Gelehrte René Reaumúr.
Reaumúr machte Versuche mit einem zahmen Geier. Geier würgen alles wieder aus, was sie nicht verdauen können. Reaumúr gab seinem Geier kleine Schwammstücke zu fressen. Er untersuchte sie, nachdem der Vogel sie aus dem Magen wieder abgegeben hatte. Dabei stellte er fest, daß sich die Schwämme mit einer Flüssigkeit vollgesaugt hatten.
Diese Flüssigkeit untersuchte der Gelehrte auf ihre Wirkung an verschiedenen Nahrungsmitteln.

Wie könnte Reaumúr nachgewiesen haben, daß der Magen beim Abbau der Nahrung eine aktive Rolle spielt?

Nach NOURSE, A: E.: Der Körper, 1964.

Lösung 22

Die häufigste Ursache von Magengeschwüren ist die zu starke Absonderung von Magensaft oder eine zu schwache Absonderung von Magenschleim.
Der Magensaft enthält neben Salzsäure auch Proteasen. Die Proteasen sind Eiweiß abbauende Enzyme. Im Magen sind sie nur in sauerem Milieu wirksam. Unter normalen Umständen sorgt der Schleim auf der Magenschleimhaut dafür, daß die Salzsäure gebunden wird, so daß die Proteasen in diesem Bereich nicht arbeiten können. Wenn aber zu viel Salzsäure gebildet oder zu wenig „Schutzschleim" abgesondert wird, läßt sich die Salzsäure nicht mehr ausreichend neutralisieren; die Proteasen bleiben auch an der Magenwand wirksam. Die Zersetzung des Eiweißes läßt zunächst die Zellen der Magenschleimhaut und später auch das darunter liegende Gewebe absterben. Es entsteht eine Magenschleimhaut-Entzündung und später ein Magengeschwür. In schweren Fällen kann sich durch die Wirkung der Proteasen eine Öffnung in der Magenwand bilden. Ohne ärztliche Behandlung führt ein solcher „Magendurchbruch" zum Tode.

Zusatz:
Außer der oben dargestellten Ursache nehmen einige Fachleute auch an, daß bestimmte Bakterien die Auslöser für die Bildung von Magengeschwüren sind.

Magensaft – Magenschleim – Proteasen – Salzsäure

Lösung 23

Reaumúr preßte den Saft aus den Schwammstücken und ließ ihn auf Fleisch, die Nahrung der Geier, einwirken. Im Vergleich mit Kontrollversuchen, in denen er Fleischstücke beobachtete, die nicht mit dem Magensaft des Geiers behandelt wurden, erkannte er, daß die Flüssigkeit aus dem Magen das Fleisch bald auflöste. Damit war der Beweis erbracht, daß der Magen am Abbau der Nahrung aktiv beteiligt ist

Aufgabe 24

In der Zeichnung ist das Schema der Speiseröhre im Querschnitt zu sehen.

Nennen Sie die mit Kennziffern versehenen Teile der Speiseröhre und erläutern Sie kurz ihre Funktion.

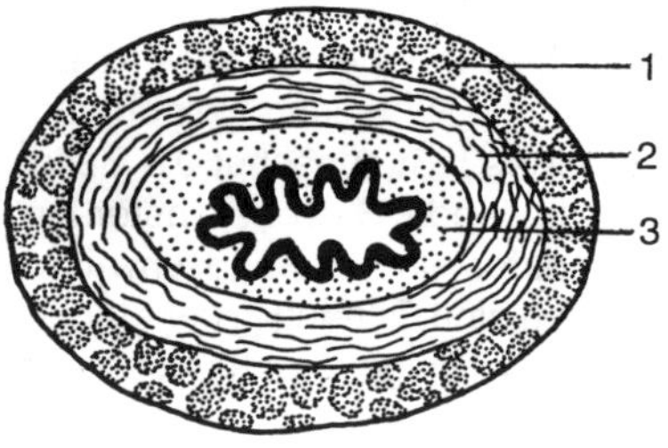

Lösung 24

1 *Längsmuskulatur:* Wirkt als Antagonist zur Ringmuskulatur, erweitert die von der Ringmuskulatur verengten Stellen.
2 *Ringmuskulatur:* Verengt die Speiseröhre. Die über die Röhre fortlaufende Verengung schiebt den Nahrungsbrei vor sich her. Ring- und Längsmuskulatur ermöglichen peristaltische Bewegungen.
3 *Drüsenschicht:* Drüsen scheiden ein Sekret ab, durch das die Nahrung leichter die Speiseröhre hinabgleiten kann.

V Immunbiologie

Zur Lösung der Aufgaben erforderliche Kenntnisse:

- *Lymphgefäßsystem*
  Verbindung mit Blutgefäßsystem, Lymphknoten, Milz, Bekämpfung von Erregern, Fremdstoffen und entarteten Zellen
- *Immunreaktion*
  Antigen, Antikörper, Agglutination (Verklumpung), Weiße Blutkörperchen, Phagocytose
- *Infektionskrankheiten*
  aktive und passive Immunisierung, Art- und Wirkungsspezifität von Antikörpern, Gedächtniszellen, Antibiotika, Resistenz
- *Entstehung von Krebsgeschwulsten*
  Erbgutveränderung (Mutation), Gewebsantigene, Krebszellen
- *Blutgruppen*
  Rhesus-Faktor, AB0-System
- *Organtransplantation*
  Gewebsantigene, Abstoßungsreaktion

Aufgabe 1

Welche der folgenden Aussagen sind richtig?
Erläutern Sie die als richtig erkannten Antworten kurz.

Aktive Immunisierung
a) hat nur befristeten Impfschutz zur Folge;
b) hat lang andauernden Impfschutz zur Folge;
c) erreicht man durch Einimpfen von Antikörpern;
d) erreicht man durch Einimpfen von unschädlichen Erregern;
e) erreicht man durch Einimpfen von Antibiotika;
h) wird vorbeugend angewendet.

Aufgabe 2

In einem Gefängnis in Ohio unterzog sich eine Anzahl Gefangener freiwillig folgendem Experiment:
Jedem wurden 3,5 Millionen Krebszellen in den Oberarm injiziert.
Die Injektionstelle entzündete sich, es erschien ein festes Knötchen, das nach ca. 2 Wochen größer wurde. Im Mikroskop zeigte es sich, daß die Knoten aus entzündeten Zellen bestanden. Die Krebszellen waren jedoch weit verstreut und zerfielen langsam. Nach etwa 3 Wochen schrumpften die Knötchen und verschwanden.
Wurden diesen Menschen nach dem völligen Abheilen der Knoten ein zweites Mal Krebszellen injiziert, so reagierte der Körper wesentlich heftiger: die Krebszellen verschwanden viel schneller.
Injizierte man den Testpersonen zunächst keine Krebszellen, sondern normale Zellen, zeigten sie bei der anschließenden Injektion mit Krebszellen keine verstärkte Abwehrreaktion.

Welche Folgerungen über die Entstehung und Abwehr von Krebs lassen sich aus den Experimenten ziehen?
Erläutern Sie bitte die Versuchsergebnisse.

Nach BÄUMLER: Das maßlose Molekül, Bilanz der internationalen Krebsforschung, 1967.

Lösung 1

Aktive Immunisierung
b) hat lang andauernden Impfschutz zur Folge;
d) erreicht man durch Einimpfen unschädlicher Erreger;
h) wird vorbeugend angewendet.

Erläuterung:
Die Aktive Immunisierung regt den Körper dazu an, Antikörper gegen Erreger zu bilden. Dazu werden unschädlich gemachte Erreger oder nur Teile von Erregern in die Blutbahn des Menschen gebracht. Das Immunsystem bildet daraufhin Antikörper gegen diese Erreger und Gedächtniszellen. Die Gedächtniszellen sind in der Lage, bei einer zweiten Infektion mit dem gleichen Erreger sehr schnell die Bildung sehr großer Mengen von Antikörpern auszulösen. Dadurch ist es in der Regel möglich, die eingedrungenen Erreger zu vernichten. Die Gedächtniszellen können diese Fähigkeit über viele Jahre hinweg behalten. In einigen Fällen hält der Impfschutz lebenslang.
Aktive Immunisierung bereitet den Körper also auf eine Infektion in der Zukunft vor, sie ist eine Maßnahme zu Vorbeugung (Prophylaxe) gegen Infektionskrankheiten.

Antikörper – Gedächtniszellen – Prophylaxe

Lösung 2

Der Körper des Mensch kann Krebszellen vernichten. Im Experiment zeigte sich das durch den Zerfall der eingespritzten Krebszellen. An der Beseitigung der Krebszellen ist das Immunsystem beteiligt. Diese Annahme wird durch die Beobachtung gestützt, daß bei einer zweiten Injektion die Beseitigung der Krebszellen viel schneller erfolgte. Diese schnelle Reaktion des Körpers läßt sich am einfachsten erklären, wenn man annimmt, daß Gedächtniszellen gegen die Krebszellen gebildet wurden.
Das Immunsystem des Menschen kann normale, gesunde Zellen von Krebszellen unterscheiden. Offensichtlich haben Krebszellen andere Antigene als gesunde Zellen.

Immunsystem – Gedächtniszellen – Antigene

Aufgabe 3

Welche der folgenden Antworten ist/sind richtig?
Erläutern Sie kurz die für richtig erachtete(n) Antwort(en).

Anti-Rhesus-Antikörper (Anti-D-Antikörper) werden gebildet,
a) wenn einer rhesus-positiven Person Blut eines rhesus-negativen Spenders übertragen wird;
b) wenn einer rhesus-negativen Person Blut eines rhesus-positiven Spenders übertragen wird;
c) in beiden oben genannten Fällen.

Aufgabe 4

Welche der folgenden Antworten sind richtig?

Das Lymphgefäßsystem
a) steht mit dem Blutgefäßsystem in Verbindung;
b) besitzt in der Milz eine eigene Pumpe, die die Lymphe durch die Lymphgefäße bewegt;
c) ist ein Kreislaufsystem;
d) stellt Antikörper her;
e) stellt Antigene her;
f) ist für die biologische Abwehr und Immunisierung von großer Bedeutung;
g) transportiert neben Lymphe auch Blut.

Aufgabe 5

In der Gerichtsmedizin wird häufig die Herkunft von Blutflecken untersucht, zum Beispiel, um nachzuweisen, daß das Blut von einem Menschen stammt und nicht von einem Tier. Dazu löst man das eingetrocknete Blut in einer Kochsalzlösung und behandelt es anschließend mit bestimmten Antikörpern.

a) Welche Antikörper werden bei einer solchen Untersuchung verwendet?
b) Woran erkennt man bei einer solchen Behandlung, daß der Blutfleck menschliches Blut enthält?
c) Wie gewinnt man die in der Untersuchung verwendeten Antikörper?

Lösung 3

Anti-Rh-Antikörper (Anti-D-Antikörper) werden gebildet, wenn einer rhesus-negativen Person Blut eines rhesus-positiven Spenders übertragen wird.
Bei Übertragung von Roten Blutkörperchen des Typs „Rhesus-positiv" kommt der Körper des Empfängers mit dem „Rhesus-Antigen" (Rhesus-Faktor) auf der Oberfläche der Blutkörperchen in Kontakt. Wenn der Empfänger im eigenen Blut dieses Antigen nicht hat, also die Blutgruppe Rhesus-negativ trägt, reagiert sein Immunsystem mit der Bildung von Antikörpern gegen den Rhesusfaktor.

Antigen – Anti-D-Antikörper

Lösung 4

Richtig sind folgende Antworten:

Das Lymphgefäßsystem
a) steht mit dem Blutgefäßsystem in Verbindung (Brustlymphgang mündet in die linke Schlüssenbeinvene);
d) stellt Antikörper her;
f) ist für die biologische Abwehr und Immunisierung von großer Bedeutung.

Lösung 5

a) Verwendet werden gegen menschliche Rote Blutkörperchen wirksame Antikörper.
b) Wenn der Blutfleck von einem Menschen stammt, müssen sich bei Zugabe der oben erwähnten Antikörper die Roten Blutkörperchen verklumpen.
c) Antikörper gegen menschliche Rote Blutkörperchen lassen sich gewinnen, wenn man einem Tier Rote Blutkörperchen des Menschen einspritzt. Das Immunsystem des Tieres bildet dann Antikörper gegen die menschlichen Roten Blutkörperchen. Diese Antikörper besitzen eine sehr hohe Wirkungsspezifität. Sie bringen nur Rote Blutkörperchen des Menschen zur Verklumpung.

Rote Blutkörperchen – Verklumpung

Aufgabe 6

In den Anfängen der Transplantationsmedizin war die Gefahr, daß ein Patient nach einer Organverpflanzung an Krebs erkrankte, höher als bei Personen, die keine Transplantationen durchgemacht hatten.

Wie ist das zu erklären?

Aufgabe 7

Die übermäßige Verwendung von Antibiotika erhöht die Gefahr, daß diese Medikamente immer weniger wirksam werden.
Erläutern Sie die Ursache.

Aufgabe 8

Wieso kann der menschliche Körper durch Verklumpen (Agglutinieren) von Erregern und Fremdstoffen eine Infektionskrankheit bekämpfen?

Lösung 6

Bei Transplantationen besteht die Gefahr, daß die Gewebsantigene des Transplantats (der übertragenen Zellen) das Immunsystem des Empfängers dazu anregen, das transplantierte Gewebe abzustoßen. Um dem vorzubeugen, schalten die Ärzte das Immunsystem für eine gewisse Zeit aus.
Krebszellen werden normalerweise vom Immunsystem als ungeeignete Zellen erkannt und vernichtet. Wenn bei einer Transplantation das Immunsystem ausgeschaltet wird, ist diese Kontrolle nicht mehr möglich. Krebszellen werden nicht mehr vernichtet, können sich vermehren und so zu Krebsgeschwulsten führen.

Immunsystem – Gewebsantigene

Lösung 7

Durch Änderungen des Erbguts entstehen ständig neue Arten von Bakterienzellen. Darunter sind mit einer gewissen Wahrscheinlichkeit auch solche, die gegen ein bestimmtes Antibiotikum unempfindlich (resistent) sind.
Bei einer Behandlung mit Antibiotika können sich nur noch die Bakterien vermehren, die durch eine Erbgutänderung resistent geworden sind. Durch das Antibiotikum wird so gleichsam das resistente Bakterium gezüchtet. Je häufiger die Behandlung erfolgt, desto größer wird die Anzahl der resistenten Bakterien. In extremen Fällen läßt sich nach einiger Zeit durch ein Antibiotikum keine Heilung mehr erzielen, weil der größte Teil der krankmachenden Bakterien resistent ist.

Erbgutveränderung – Resistenz

Lösung 8

Die Verklumpung (Agglutination) führt zu einer Ansammlung untereinander verbundener Erreger oder Fremdstoffe. Dadurch wird die Vernichtung der eingedrungenen Erreger effektiver. Bestimmte Weiße Blutkörperchen (Leukocyten) können so mit einem Mal sehr viele Erreger in sich aufnehmen (phagocytieren). Nicht verklumpte Erreger müßten einzeln von den Weißen Blutkörperchen umflossen werden.
Außerdem setzen verklumpte Erreger (Immunkomplexe) weitere Reaktionen des Immunsystems in Gang, durch die der Körper Erreger und Fremdstoffe beseitigen kann.

Weiße Blutkörperchen – Phagocytose

Aufgabe 9

Warum wird bei einer passiven Immunisierung die Herkunft der Antikörper in das Impfbuch eingetragen?

Aufgabe 10

Grippe-Viren ändern häufig die Proteinmoleküle ihrer Hülle.
Warum ist eine erfolgreiche Schutzimpfung gegen Grippe schwieriger als gegen viele andere Infektionskrankheiten?

Aufgabe 11

Beschreiben Sie die Artspezifität und die Wirkungsspezifität von Antikörpern.

Lösung 9

Antikörper zur passiven Immunisierung stammen von Tieren. Dazu wird den Tieren ein bestimmter Erreger eingespritzt, und der tierische Organismus antwortet darauf mit der Bildung von Antikörpern.
Die so gewonnenen Antikörper bestehen aus spezifischem tierischem Eiweiß, z.B. aus Schweineeiweiß oder aus Pferdeeiweiß. Wenn ein Mensch solche Antikörper erhält, bildet sein Immunsystem Antikörper gegen die tierischen Antikörper und auch Gedächtniszellen. Bei einer zweiten passiven Immunisierung mit den gleichen tierischen Antikörpern käme es daher zu einer sehr starken und schnellen Antigen-Antikörper-Reaktion gegen das körperfremde Eiweiß mit allen nachteiligen Folgen, die in schweren Fällen zum Tode führen können.
Um sicher zu sein, daß bei einer zweiten Immunisierung Antikörper eines anderen Tieres verwendet werden, trägt man die Herkunft der Antikörper in das Impfbuch ein.

Antigen-Antikörper-Reaktion – körperfremdes Eiweiß

Lösung 10

Viele Proteine der Virenhülle wirken als Antigene. Um einen Impfschutz zu erreichen, werden Antigene in Form von Bruchstücken der Erreger, oder vollständigen, aber abgeschwächten oder toten Erregern in die Blutbahn des Menschen gebracht. Der Körper bildet daraufhin Gedächtniszellen, die bei einer Infektion mit den betreffenden Krankheitserreger sehr schnell große Mengen von Antikörpern bilden können, so daß die Krankheit in der Regel nicht zum Ausbruch kommt.
Die Gedächtniszellen und die Antikörper wirken allerdings sehr spezifisch nur gegen die Art von Antigenen, die ihre Bildung angeregt hat. Bei einer Infektion mit Erregern, deren Oberfläche veränderte Proteinmoleküle (Antigene) trägt, versagt das Immunologische Gedächtnis.

Antigene – Gedächtniszellen – Antikörper

Lösung 11

Die *Artspezifität* ist sehr gering. Antikörper sind auch im Organismus einer anderen Tierart oder im Menschen wirksam. Das macht die Medizin sich bei der passiven Immunisierung zu Nutze. Dabei setzt man von Tieren gebildete Antikörper zu Bekämpfung von Erregern im menschlichen Körper ein.
Die *Wirkungsspezifität* dagegen ist sehr hoch. Ein Antikörper kann nur gegen den Erreger oder Fremdstoff wirken, gegen den er gebildet wurde.

VI Sinnesorgane und Nervensystem

Zur Lösung der Aufgaben erforderliche Kenntnisse

Auge
- Bestandteile
- Akkommodation
  Eigenelastizität der Linse, Ziliarmuskel, Linsenbänder, Brechkraft, Nah- und Fernakkommodation
- Augenfehler
  Weit- und Kurzsichtigkeit, Grauer Star
- Netzhaut, Zapfen, Stäbchen, Sehnerv

Ohr
- Bestandteile
- Übertragung von Schallwellen im Ohr
- Bogengänge, Schweresinnesorgan

Gehirn
- Gehirnbereiche und ihre Aufgaben
  Großhirn (weiße und graue Substanz), Kleinhirn, Hirnstamm

Nervenzelle
- Bau der Nervenzelle
  Zellkörper, Axon, Dendrit, Synapse
- Funktion der Nervenzelle
  Informationsübertragung durch elektrische Impulse, Leitung der Information von Sinneszellen zum ZNS und vom ZNS zu Erfolgsorganen (Muskeln, Drüsenzellen), Verarbeitung von Information, Synapse

Nervensystem
- motorisch, sensorisch, vegetativ
- ZNS

Aufgabe1

In den Abbildungen ist der vordere Augenteil im schematischen Längsschnitt und die Linse mit den sie umgebenden Teilen in Ansicht von vorne zu sehen.
Die Zeichnungen geben den Zustand des Auges bei Nahakkommodation und Fernakkommodation wieder.

a) Nennen Sie die Fachbezeichnungen der mit Kennziffern versehenen Teile.
b) In welchen Zeichnungen ist das Augen nahakkommodiert? Beschreiben Sie in Stichworten die Veränderungen der in der Zeichnung berücksichtigten Augenteile, wenn sich das Auge auf scharfes Sehen von nahe liegenden Gegenstände einstellt.

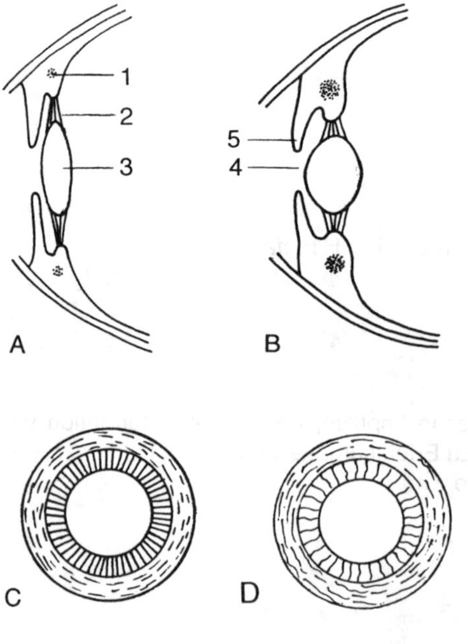

Abb. veränd. nach Exploring Biology 10, 1987.

Aufgabe 2

Augenärzte benutzen Atropin, das Gift der Tollkirsche, um die Pupillen von Patienten zu erweitern, wenn sie den hinteren Teil des Auges untersuchen möchten.

Warum empfehlen die Ärzte, nach einer Behandlung mit Atropin für einige Stunden eine Sonnenbrille zu tragen?

Lösung 1

a) Dargestellt sind mit
   1 Linse
   2 Linsenbänder
   3 Ziliarmuskel
   4 Pupille
   5 Iris

b) Die Abbildungen „B“ und „D“ zeigen das Auge in Nahakkommodation. Zur Einstellung auf Scharfes Sehen nahe liegender Gegenstände zieht sich der Ziliarmuskel zusammen (kontrahiert), dadurch entspannen sich die Linsenbänder. Bei entspannten Linsenbändern kann sich die Linse aufgrund ihrer Eigenelastizität stärker abrunden und damit ihre Brechkraft erhöhen.

Ziliarmuskel – Linsenbänder – Eigenelastizität der Linse – Brechkraft

Lösung 2

Durch die geweiteten Pupillen fällt zu viel Licht auf die Netzhaut. Dadurch werden die Lichtsinneszellen so stark erregt, daß der Patient geblendet wird. Die hohe Lichtmenge führt dazu, daß von den Lichtsinneszellen aus sehr viele elektrische Impulse pro Zeiteinheit über den Sehnerv ins Gehirn einlaufen. Das ruft im Sehzentrum des Gehirns den Eindruck der Blendung hervor.

Aufgabe 3

In den Skizzen sind die Strahlengänge in gesunden Augen und in solchen mit Augenfehlern dargestellt.

a) Beschreiben Sie die Art der dargestellten Augenfehler.
b) Durch welche Korrekturen können die Augenfehler ausgeglichen werden.
c) Welche Ursachen haben die dargestellten Augenfehler?

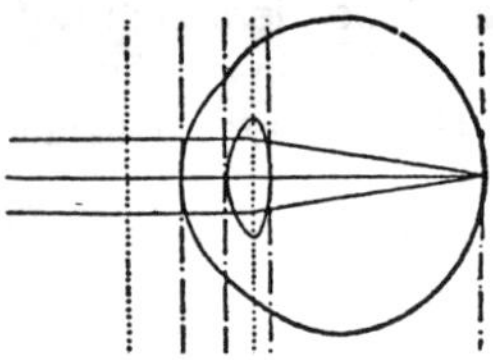
1

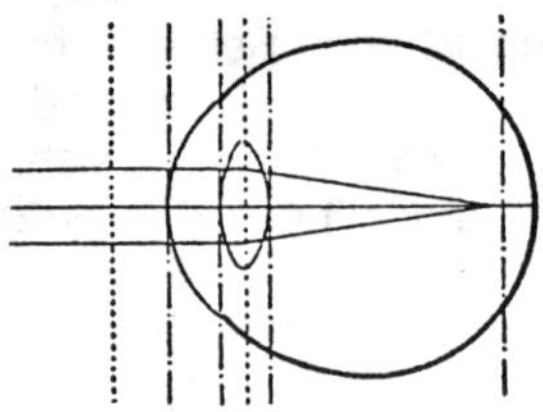
4

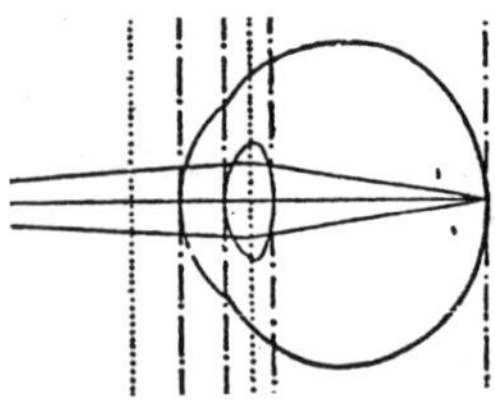
2

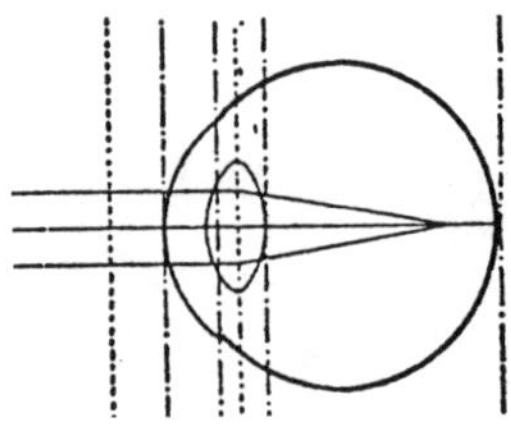
5

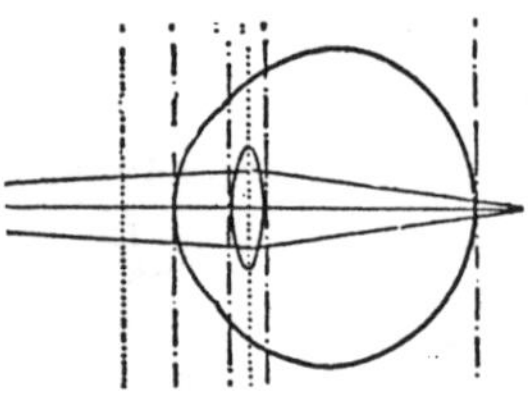
3

Abb. aus SCHMEIL: Der Mensch, 1975.

Lösung 3

a) In der Abbildung „3“ ist ein weitsichtiges Auge dargestellt. Menschen mit diesem Sehfehler können ihre Augen nicht mehr ausreichend nahakkommodieren, können also nahe liegende Gegenstände nicht mehr scharf sehen.
   In den Abbildungen „4“ und „5“ sind kurzsichtige Augen dargestellt. Das Auge kann weiter entfernt liegende Gegenstände nicht mehr scharf erkennen, die Fernakkommodation ist unzureichend.

b) Kurzsichtigkeit kann durch Brillen mit Konkavlinsen (Zerstreuungslinsen) ausgeglichen werden. Bei Weitsichtigkeit verwendet man Konvexlinsen (Sammellinsen).

c) In dem hier dargestellten Fall von Weitsichtigkeit (Abb. “3") kann sich die Augenlinse nicht mehr genügend krümmen. Mit zunehmendem Alter verliert die Augenlinse einen Teil ihrer Eigenelastizität, so daß sie bei entspanntem Ziliarmuskel keinen ausreichenden Krümmungsradius mehr erreicht.
   In der Skizze „4“ des kurzsichtigen Auges ist die Augenachse zu lang. Die Netzhaut liegt dadurch hinter dem Punkt, an dem sich die aus der Ferne kommenden Strahlen schneiden.
   In Abbildung „5“ beruht die Kurzsichtigkeit auf der Unfähigkeit der Augenlinse, sich genügend abzuflachen.

Weitsichtigkeit – Kurzsichtigkeit – Akkommodation – Konkav- und Konvexlinsen – Augenlinse – Augenachse

Aufgabe 4

a) Um 500 v.Chr. erklärte man in Griechenland den Vorgang des Sehens so:

> Sehen ist möglich, weil lichtartige Strahlen wie Fühler vom Auge ausgeschickt werden, einen Gegenstand berühren und ihn dadurch sichtbar werden lassen.

Nach Meinung der Griechen mußte sich der Sehprozeß außerhalb des Auges abspielen, da ja die Dinge sich außerhalb des Auges im Raum befinden.
Selbst der sonst so logisch denkende Euklid – heute noch bekannt durch den in der Mathematik verwendeten „Euklidschen Höhensatz" – hielt diese Ausstrahlungstheorie für richtig.
Aristoteles, der bedeutendste naturwissenschaftliche Denker der Antike, zog diese Ansicht durch ein einfaches Argument in Zweifel.
Mit welchem Argument könnte Aristoteles die Richtigkeit der Ausstrahlungstheorie angezweifelt haben?

b) Zu Beginn des 17. Jahrhunderts nahm ein deutscher Jesuit dieses Problem wieder auf. Er bewies, daß die Ausstrahlungstheorie falsch sein mußte. Dazu entfernte er die Außenhaut an der Augenrückwand eines frisch geschlachteten Tieres, so daß er von hinten auf die durchsichtige Netzhaut (Retina) sehen konnte.
Was sah der deutsche Jesuit auf der Netzhaut und welche Schlüsse zog er daraus?

c) Erläutern Sie die Vorgänge, die nach heutiger Vorstellung auf der Netzhaut ablaufen.

Nach MUELLER/RUDOLPH: Licht und Sehen, 1969.

Aufgabe 5

Entzündungen im Nasen-Rachen-Raum können sich bis ins Ohr ausbreiten.

a) Beschreiben Sie den Weg, über den sich die Entzündung bis in das Ohr ausbreiten kann.

b) Welcher Teil des Ohrs ist als erster von der sich ausbreitenden Entzündung betroffen?

Lösung 4

a) Aristoteles gab zu bedenken, daß nach der Ausstrahlungstheorie ein Mensch auch im Dunkeln sehen können müßte, wenn die Augen die Lichtquellen seien.
b) Der Jesuit sah auf der Netzhaut des Tieres das winzige Bild der vor dem Auge liegenden Gegenstände (wie ein Fotograf auf der Mattscheibe der Kamera). Er bewies damit, daß Licht in das Auge eindringt und dadurch auf der Netzhaut ein Bild des Umweltausschnitts erscheint, das der Mensch gerade erblickt.
c) Das auf die Netzhaut fallende Licht bringt die Lichtsinneszellen dazu, die elektrische Spannung an ihren Membranen zu ändern, so daß auf den Fasern des Sehnervs kleine Stromstöße in kurzer Folge zum Gehirn laufen. Das Gehirn erzeugt aus dem Muster der auf den verschiedenen Fasern einlaufenden Stromstöße ein Bild.
Die Erregung der Lichtsinneszellen ist abhängig von der Lichtintensität. Außerdem sind einige Lichtsinneszellen, die Zapfen, nur für bestimmte Farben (bestimmte Wellenlängen des Lichts) empfindlich. Dadurch erhält der Mensch im Gehirn den Eindruck ein farbigen Bildes.

Lösung 5

a) Vom Rachenraum aus verläuft eine röhrenartige Verbindung zum Mittelohr, die Eustachische Röhre. An der Schleimhaut dieses Verbindungsganges entlang kann die Entzündung ins Ohr wandern.
b) Als erster Teil des Ohres entzündet sich die Paukenhöhle. In diesen Hohlraum des Mittelohrs mündet die Eustachische Röhre

Aufgabe 6

Ein Augenchirurg im alten Babylon hatte zwar einen finanziell sehr ertragreichen, aber auch sehr gefährlichen Beruf. Für eine erfolgreiche Staroperation erhielt er 10 Silberschekel, das entsprach dem Jahresverdienst eines Handwerkers. Mißlang jedoch die Operation, wurde dem Arzt die Hand abgeschnitten, wenn der Patient ein freier Mann war. War es ein Sklave, so mußte der Arzt seine Stelle einnehmen.
Mit den damals üblichen chirurgischen Instrumenten war eine solche Operation sicherlich nicht ganz einfach. Beim Grauen Star wird die Hornhaut durch einen Schnitt geöffnet und die Linse durch diesen Schnitt hindurch entfernt.

a) Warum wird beim Grauen Star die Linse entfernt?
b) Kann ein Mensch ohne Linse noch sehen?
c) Welche Fähigkeiten verliert ein Mensch, wenn die Linse entfernt wird?

Nach MUELLER/RUDOLPH: Licht und Sehen, 1969.

Aufgabe 7

In der Abbildung ist der schematische Längsschnitt durch ein menschliches Ohr zu sehen.

a) Nennen Sie die Bezeichnungen für die mit Kennziffern versehenen Teile.
b) Welche der Teile haben keine Bedeutung für den Hörvorgang?
   Beschreiben Sie kurz ihre Aufgabe.
c) Die Abbildung ist unvollständig. Welche Teile des Ohres fehlen? Erläutern Sie deren Funktion.

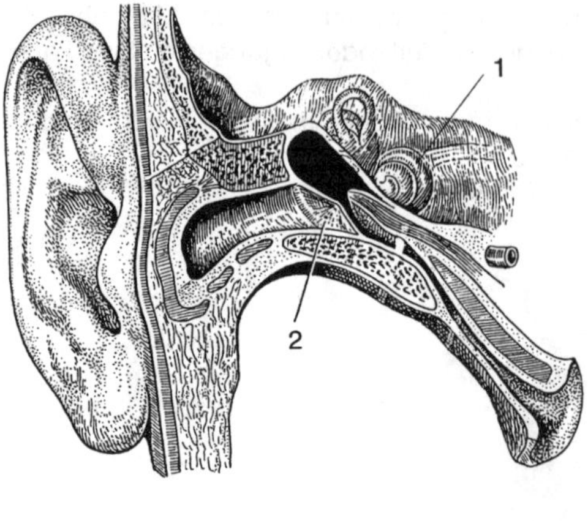

Abb. verändert nach MÖRIKE/MERGENTHALER: Biologie des Menschen, 1965.

Lösung 6

a) Beim Grauen Star ist die Linse getrübt, so daß das Licht wie durch eine Milchglasscheibe in das Auge fällt. So kann auf der Netzhaut kein klares Bild mehr erscheinen.
b) Das Licht fällt auch ohne Linse noch auf die Netzhaut. Allerdings wird das Licht nur noch durch die Hornhaut, das Kammerwasser und den Glaskörper gebrochen, so daß sich die Strahlen nicht mehr auf der Netzhaut schneiden. Es entsteht ein unscharfes Bild. Durch eine starke Brille, die die Brechkraft der Linse ersetzt, kann das ausgeglichen werden.
c) Der Mensch kann nicht mehr akkommodieren. Er kann also das Auge nicht mehr auf verschiedene Weiten der Gegenstände einstellen, die er scharf sehen möchte. Diese Einstellungen geschehen beim gesunden Auge durch die Veränderung der Linsenkrümmung.

Lösung 7

a) 1 = Schnecke
2 = Trommelfell
b) Die Bogengänge sind am Hörvorgang nicht beteiligt. An ihrer Basis liegt das Schweresinnesorgan, mit dem der Mensch feststellen kann, in welcher Lage sich sein Kopf befindet.
Die Bogengänge selbst sind Beschleunigungssinnesorgane. Durch sie erhält das menschliche Gehirn Informationen darüber, wie schnell und in welche Richtungen sich der Kopf bewegt.
c) Nicht dargestellt sind die Gehörknöchelchen (Hammer, Amboß und Steigbügel). Durch sie werden die Schwingungen des Trommelfells auf die Schnecke (ovales Fenster) übertragen.

Bogengänge – Schweresinnesorgaan – Beschleunigungssinnesorgan – Gehörknöchelchen – Trommelfell – Schnecke

Aufgabe 8

Agatha Christie, die bekannte Autorin vieler Kriminalromane, läßt eine ihrer Hauptfiguren, den Detektiv „Hercule Poirot", an einer Stelle sagen: „Dann wollen wir mal unsere kleinen grauen Zellen betätigen".

Welche Zellen und welche Vorgänge sind gemeint?

Aufgabe 9

In vielen Ländern der Erde gilt als entscheidendes Kennzeichen für den Tod eines Menschen das vollständige Erlöschen der Tätigkeit der Großhirnrinde.
Bei intensiver Pflege kann aber ein Mensch, bei dem nur die Großhirnrinde ihre Funktion verloren hat, noch viele Jahre am Leben erhalten werden.

Wie ist zu erklären, daß ein Mensch trotz Ausfalls der Großhirnrinde noch leben kann?

Aufgabe 10

Ein Mensch, der einen elektrischen Schlag erhält, z.B., wenn er eine elektrische Leitung berührt, kontrahiert krampfhaft seine Muskeln, ohne daß er es will.

Wie ist zu erklären, daß die Muskeln durch den Kontakt mit einer Stromquelle zur Kontraktion gebracht werden?

Lösung 8

Die „kleinen grauen Zellen“ sind die Zellkörper von Nervenzellen. Sie liegen in besonders großer Zahl in den Außenbereichen des Großhirns (Großhirnrinde). An den Zellkörpern und den von ihnen abgehenden Dendriten liegen die Kontaktstellen zu anderen Nervenzellen (Kontakt in Synapsen mit den Neuriten = Axonen anderer Nervenzellen). Die über diese Kontaktstellen einlaufende Erregung wird in den Zellkörpern verrechnet. Die Fülle der Verrechnungsvorgänge in der außerordentlich großen Zahl von Zellen der Großhirnrinde ermöglicht unter anderem die geistigen Leistungen des Menschen.
Die Aufforderung, die grauen Zellen zu betätigen, ist daher eine Aufforderung, verstärkt nachzudenken.

Großhirnrinde – Nervenzelle – Dendriten – Axone – Synapsen

Lösung 9

Das Groß- und Kleinhirn sind die Zentren der geistigen Fähigkeiten des Menschen und der willkürlichen Bewegungen.
Andere Aufgaben des Gehirns, wie z.B. die Steuerung lebenswichtiger Bewegungen wie Atmung, Verdauung u.ä., die Steuerung der Salzkonzentration der Körperflüssigkeiten u.ä., erfolgt über den Hirnstamm (Gehirn ohne Groß- und Kleinhirn). Wenn also der Hirnstamm noch unversehrt ist, können noch alle lebenswichtigen Prozesse des Körpers gesteuert werden, der Körper lebt weiterhin. Sehr wahrscheinlich hat ein Mensch ohne Großhirn aber nicht mehr das Bewußtsein zu leben.

Großhirn – Kleinhirn – Hirnstamm – Steuerung physiologischer Prozesse

Lösung 10

Unter natürlichen Bedingungen regen die auf den Nervenzellen (Axonen der Nervenzellen) laufenden Stromstöße (Impulse) einen Muskel zur Kontraktion an. Die Impulse gehen vom ZNS (Gehirn und Rückenmark) aus. Bei Berühren einer Stromquelle wird der Strom durch den Körper geleitet und gelangt so auch an die Muskeln. Dort ruft er, wie bei einer natürlichen Erregung durch Impulse der Nervenzellen, eine Kontraktion hervor.

Aufgabe 11

Der französische Philosoph Descartes stellte Anfang des 17. Jahrhunderts eine Theorie auf, mit der er die Steuerung der Muskeltätigkeit erklären wollte.
Er war der Ansicht, feinste Teilchen (esprits animaux) würden aus dem Blut in die Hohlräume des Gehirns gedrückt. Das Gehirn würde diese feinen Teilchen durch Kontraktionen ähnlich einem Blasebalg durch feine Kanälchen in den Nerven zu den Muskeln pumpen und sie dadurch aufblähen. Ein wohl geordnetes Zusammenspiel von Klappen und Ventilen in den Nerven sollte seiner Ansicht nach dafür sorgen, daß die Kontraktionen der Muskeln koordiniert verlaufen.

Welche Zusammenhänge bei der Steuerung der Muskeltätigkeit hat Descartes bereits erkannt? In welchen Punkten seiner Theorie irrte er sich?

Nach ROTHSCHUH: Physiologie im Werden, 1969.

Lösung 11

Descartes hat bereits erkannt, daß das Gehirn die Bewegungen der Muskeln steuert. Das geschieht allerdings, wie wir heute wissen, nicht durch Substanzen (Esprit animaux), sondern durch die Erzeugung elektrischen Impulse. Das Gehirn könnte auch gar nicht pumpen, da es keine Muskeln hat.
Substanzen spielen aber im Gehirn als Überträgerstoffe an den Kontaktstellen zwischen Nervenzellen (Synapsen) eine Rolle.
Erkannt hat Descartes ebenfalls, daß die Nerven Verbindungen zwischen Gehirn und Muskeln bilden. Nervenzellen sind aber nicht hohl. Es gibt keine Kanälchen in ihnen, die den „esprit animaux" leiten könnten. Vielmehr konnte nachgewiesen werden, daß die Information vom Gehirn nicht durch eine Substanz sondern durch elektrische Impulse an den Nerven entlang zu den Muskeln geleitet wird.
Substanzen spielen allerdings als Überträgerstoffe an den Kontaktstellen zwischen Nervenzellen und Muskelzellen (Synapsen) bei der Übertragung der Information eine Rolle.
Richtig erkannt hat Descartes, daß Muskeln bei der Verkürzung dicker werden. Sie blähen sich aber nicht dadurch auf, daß aus den Nerven eine Substanz (esprit animaux) eingepreßt wird. Es gibt in den Muskeln keine Räume, die „esprit animaux" aufnehmen könnten. Biologen und Mediziner haben herausgefunden, daß die elektrische Reizung durch die aus den Nerven einlaufenden Impulse sehr feine Eiweißfäden (Aktin- und Myosinelemente) dazu anregt, sich ineinander zu schieben und so die Muskelzellen zu verkürzen.
Descartes hat bereits die Notwendigkeit eines Steuersystems erkannt, das die Arbeit der Muskeln koordiniert. Die von ihm angenommenen Klappen und Ventile, sollten dafür sorgen, daß je nach Situation nur bestimmte Muskeln mit „esprit animaux" versorgt werden, also nicht alle Muskeln gleichzeitig tätig sind. Außerdem sollten sie regulieren, wie stark sich ein Muskel aufbläht.
Wir wissen heute, daß das Gehirn gezielt einzelne Muskeln oder Muskelgruppen zur Kontraktion bringen kann, indem es nur auf den zu den betreffenden Muskeln ziehenden Nerven elektrische Impulse laufen läßt. Durch Veränderung der Häufigkeit von Impulsen kann die Stärke der Muskelkontraktion bestimmt werden.
(Außerdem sind noch weitere, komplizierte Steuermechanismen nachgewiesen).

VII Hormone

Zur Lösung der Aufgaben erforderliche Kenntnisse:

- *Lage und Aufgabe der Hormondrüsen des Körpers*
- *Hypophyse*
  Steuerung anderer Hormondrüsen
- *Schilddrüse*
  Thyroxin, Jodbedarf, Grundumsatz
- *Thymusdrüse*
  Bedeutung für die Entwicklung des Menschen
- *Bauchspeicheldrüse*
  Langerhans-Inseln, Insulin, Glukagon, Blutzuckerspiegel, Zellatmung, Glykogen, Diabetes mellitus, Hypoglykämie (Unterzuckerung)
- *Nebennieren*
  Nebennierenmark, Nebennierenrinde, Adrenalin, Corticoide
- *Keimdrüsen*
  Eierstöcke, Hoden, männliche und weibliche Sexualhormone

Aufgabe 1

In den Abbildungen sind Organe des menschlichen Körpers dargestellt.

a) Nennen Sie die Fachbezeichnungen der dargestellten Organe.
b) Beschreiben Sie kurz die Aufgaben der punktiert dargestellten Bereiche.

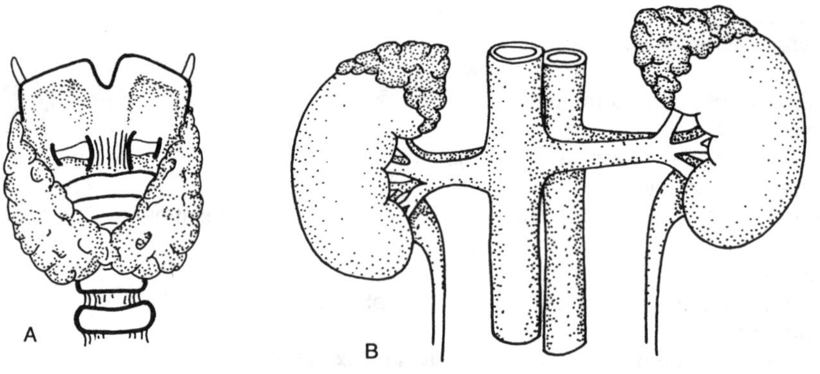

Abb. verändert nach Exploring Biology 10, 1989.

Aufgabe 2

Kröpfe, sackartige Erweiterungen in der Halsregion des Menschen, sind schon sehr lange bekannt. Sie werden bereits in der „Arthava Veda" erwähnt, einer religiösen Hinduschrift um 1500 v.Chr., und auch in der etwa hundert Jahre jüngeren „Ayurveda Sushruta". Noch frühere Berichte findet man in China. Dort behandelten die Ärzte diese Krankheit mit verbrannten Schwämmen (Meerestiere) und Meeresalgen. Die Asche dieser Organismen ist sehr jodhaltig.

Warum kann die Asche von Meerestieren als Heilmittel gegen die Kropfbildung dienen?

Nach Greene: Hormone steuern das Leben, 1973.

Lösung 1

a) Dargestellt sind in Abb. „A“ der Schildknorpel des Kehlkopfes mit der Schilddrüse und in Abb. „B“ die Nieren mit den ihnen anliegenden Nebennieren.
b) Die Schilddrüse bildet das Hormon Thyroxin. Dieses Hormon steigert den Grundumsatz des Energiestoffwechsels und fördert das Wachstum und die Entwicklung des Körpers in der Jugend.
Die Nebenniere besteht aus zwei unterschiedlichen Geweben, die verschiedene Hormone produzieren.
Das Nebennierenmark bildet Adrenalin. Dieses Hormon hebt den Blutzuckerspiegel und steigert den allgemeinen Aktivitätszustand des Körpers (Alarmreaktion des Körpers).
Die Nebennierenrinde bildet verschiedene Corticoide. Sie sind an der Regelung des Blutzuckergehaltes, des Salzhaushaltes und der Immunreaktion beteiligt.

Schilddrüse – Thyroxin – Grundumsatz – Nebenniere (-Mark, - Rinde) – Adrenalin – Corticoide

Lösung 2

Viele Kröpfe entstehen durch die Unterfunktion der Schilddrüse.
Häufigste Ursache dafür ist der Mangel an Jod. Jod ist Bestandteil des Schilddrüsenhormons, Thyroxin.
Meerwasser und Meeresorganismen enthalten Jod. Um größere Mengen an Jod zu erhalten, verbrannten die chinesichen Ärzte Meeresorganismen. Jod ist nicht brennbar. Das gesamte in einem Schwamm oder einer Alge vorhandene Jod befindet sich nach dem Verbrennen in dem kleinen verbleibenden, nicht brennbaren Rest, in der Asche. Der Jodgehalt der Asche ist daher viel höher als der des lebenden Organismus.

Aufgabe 3

In der Abbildung sind die Lage und ungefähre Form wichtiger Hormondrüsen des Menschen eingetragen.

a) Um welche Hormondrüsen handelt es sich?
b) Welche der dargestellten Hormondrüsen sind nur während bestimmter Lebensabschnitte tätig?
c) Wie werden die in den Hormondrüsen gebildeten Stoffe zu den Stellen des Körpers transportiert, an denen sie wirken?
d) Welche der Hormondrüsen steuert die Tätigkeit vieler anderer Hormondrüsen? Welche andere Steuerung der Hormondrüsen ist möglich?

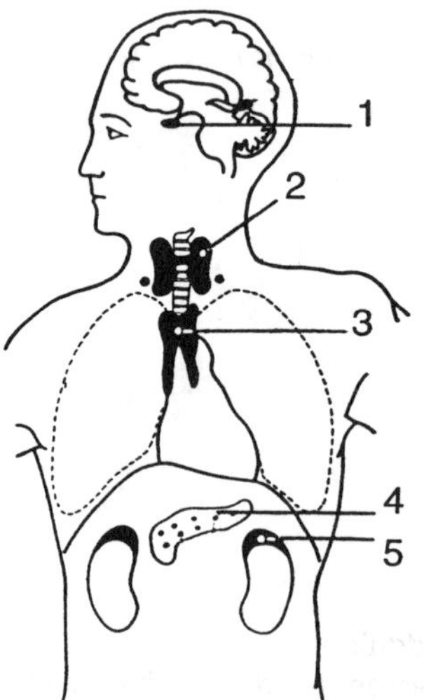

Abb. aus SCHMEIL: Der Mensch, 1975.

Lösung 3

a) Gekennzeichnet sind mit:
   1 Hypophyse (Hirnanhangdrüse)
   2 Schilddrüse
   3 Thymusdrüse
   4 Bauchspeicheldrüse (Inselgewebe in der Bauchspeicheldrüse)
   5 Nebenniere (Nebennierenmark und Nebennierenrinde)
   6 Keimdrüsen (Hoden oder Eierstöcke)

b) Die Thymusdrüse ist nur in der Kindheit und Jugend aktiv. Bei Erwachsenen ist sie weitgehend reduziert. Die Keimdrüsen (Hoden und Eierstöcke) beginnen erst gegen Ende der Kindheit mit Beginn der Pubertät, Hormone zu bilden, die Sexualhormone (Geschlechtshormone).

c) Hormondrüsen sondern ihre Produkte (Sekrete), die Hormone, ins Blut ab. Mit dem Blut werden sie in alle Bereiche des Körpers transportiert.

d) Die Hypophyse bildet viele Hormone, die die Tätigkeit anderer Hormondrüsen beeinflußt. Sie ist vielen Hormondrüsen übergeordnet.
   Außer durch Hormone werden einige Hormondrüsen durch das vegetative Nervensystem gesteuert.

Aufgabe 4

Der Engländer Thomas Willis war in der zweiten Hälfte des 17. Jahrhunderts Arzt Karls II und Gründungsmitglied der Königlichen Gesellschaft zur Förderung der Wissenschaften. Er schildert in seinen Schriften eine Krankheit so:

> „Diejenigen, die sich mit dieser Krankheit herumschlagen, lassen viel mehr Wasser, als sie trinken oder in flüssiger Nahrung zu sich nehmen. Darüber leiden sie unter ständigem Durst....... . Es erfolgt ein Schwund von Fleisch."
> Wie es zu dieser Krankheit kommt, konnte Willis nicht erklären. Er schreibt: „...ihre Ursachen liegen tief verborgen und ihr Ursprung ist unergründlich und fern."

a) Um welche Krankheit handelt es sich?
b) Welche Ursache hat diese Krankheit?
c) Erläutern Sie, wie die im Text erwähnten Symptome (Krankheitserscheinungen) zustande kommen.
d) Nennen Sie ein weiteres Symptom dieser Krankheit.
e) Wie wird die Krankheit heute medizinisch behandelt?

Nach Wrenshall/Hetenyi/Feasby: Insulin. Die Geschichte eines Sieges, 1963.

Aufgabe 5

Vor einigen Jahren erschien in der Wochenzeitung „Die Zeit" unter der Rubrik „Erforscht und erfunden" eine kurze Nachricht, die unten teilweise wiedergegeben ist.

> „Zusammen mit einer ausgewogenen Diät ist eine 'gut eingestellte' Insulinbehandlung für den Diabetiker eine nahezu ideale Behandlungsmethode, die dem Stoffwechselkranken ein nicht wesentlich verkürztes und am Rande des Normalen stehendes Leben ermöglicht. Einer Schwierigkeit allerdings ist die Forschung bis heute nicht Herr geworden. Diabetiker müssen wie zu den Zeiten Bantings und Bests das Insulin unter die Haut spritzen. Alle Versuche, ein Insulin in Tabletten- oder Kapselform zu entwickeln, sind fehlgeschlagen, weil das empfindliche Insulin ......"

Aus welchem Grund ist bisher die Entwicklung von Insulintabletten nicht gelungen?

Aus Die Zeit, Nr. 21, 14. Mai 1976.

Lösung 4

a) Willis beschreibt in seinem Buch die Zuckerkrankheit (Diabetes mellitus).
b) Der Körper eines Menschen, der an Diabetes mellitus leidet, erhält zuwenig Insulin. Insulin ist das Hormon des Inselgewebes (Langerhanssche Inseln) der Bauchspeicheldrüse. Dieses Hormon senkt den Blutzuckerspiegel.
c) Die großen Harnmengen und der ständige Durst sind eine Folge des hohen Zuckergehaltes im Blut. Dem Körper wird durch die große Menge an Zucker im Blut ständig Wasser entzogen. Der Wassermangel in den Zellen ruft Durst hervor, und die hohen Wassermengen im Blut werden über die Nieren ausgeschieden.
Der „Schwund von Fleisch" ist als Abmagern zu verstehen. Insulin ist erforderlich, um den aus der Nahrung stammenden Zucker des Blutes in die Zellen eindringen zu lassen. Bei Mangel an Insulin erhalten die Zellen daher weniger oder keinen Nährstoff (Zucker) aus dem Blut. Sie hungern. Um dem Nährstoffmangel entgegenzuwirken, greift der Körper auf Reservestoffe zurück, z.B. auf Fette, und wenn auch diese verbraucht sind, baut er ganze Zellen ab, darunter in größerer Zahl auch Muskelzellen.
d) Ein weiteres Symptom der Krankheit ist der hohe Gehalt von Zucker im Harn. Ein Teil des Blutzuckers gelangt über die Nieren in den Harn und wird so vom Körper ausgeschieden.
e) Patienten, die unter Diabetes mellitus leiden, können heute durch Injektionen (Einspritzen) von Insulin behandelt werden. Das Insulin wird aus den Bauspeicheldrüsen von Tieren gewonnen oder in neuerer Zeit auch durch gentechnisch veränderte Bakterien hergestellt.

Diabetes mellitus – Insulin – Bauchspeicheldrüse – Blutzuckerspiegel

Lösung 5

Insulin ist ein Eiweiß (Protein). Insulintabletten würden von den Verdauungssäften im Magen und Darm zersetzt. Die Eiweißkette würde in ihre Bestandteile, die Aminosäuren, zerlegt und damit unwirksam.

Aufgabe 6

Im Jahre 1889 focht Oskar Minkowsky mit seinem Kollegen Joseph Freiherr von Mering, beide Ärzte der Universität Straßburg, eine wissenschaftliche Kontroverse aus. Es ging darum, ob ein Hund die Entfernung der Bauchspeicheldrüse überleben könne. Um die Frage zu klären, entfernten sie einem Hund die Bauchspeicheldrüse und stellten fest, daß er schon am Tag nach der Operation sehr schwer erkrankte.
In einer weiteren Operation an einem anderen Hund entnahmen sie die Bauchspeicheldrüse nicht, sondern banden nur ihren Ausführgang in den Zwölffingerdarm ab. Dieser Hund wurde zwar ebenfalls krank, jedoch waren die Krankheitserscheinungen nicht so schwerwiegend.

a) Erläutern Sie, warum der Hund nach Entfernung der Bauchspeicheldrüse sehr schwer erkrankte, während das Abbinden des Ausführganges der Drüse weniger schwerwiegende Folgen hatte.
b) Beschreiben Sie das Krankheitsbild, das sich nach Entfernen der Bauchspeicheldrüse einstellt.

Nach Wrenshall/Hetenyi/Feasby: Insulin. Die Geschichte eines Sieges, 1963.

Aufgabe 7

Eine Gruppe junger Leute unternahm eine längere, anstrengende Wanderung in den Alpen. Unter ihnen war auch ein Diabetiker. Wie an jedem Tag spritzte er sich während einer Rast pünktlich die ihm vom Arzt verordnete Menge an Insulin unter die Haut. Kurze Zeit nach der Injektion fühlte er sich jedoch unwohl und schwach, seine Muskeln begannen zu zittern, er fing an zu schwitzen und zuletzt wurde er bewußtlos.

Wie ist dieser Vorfall zu erklären?

Lösung 6

a) Die Bauchspeicheldrüse erfüllt zwei verschiedene Aufgaben. Sie produziert einen Verdauungssaft, der in den Zwölffingerdarm abgegeben wird und dort mit seinen Enzymen zum Abbau von Nährstoffen beiträgt. Wenn der Ausführgang unterbrochen ist, treten Fehler in der Verdauung auf.
Außerdem liegen in der Bauchspeicheldrüse aber auch besondere Zellen (Langerhanssche Inseln), in denen Hormone gebildet werden, die den Blutzuckerspiegel steuern. Eines dieser Hormone ist Insulin (ein anderes Glukagon). Insulin sorgt dafür, daß der während der Verdauung aus dem Dünndarm ins Blut übergetretene Zucker in die Zellen gelangt. Nach Entfernen der Bauchspeicheldrüse steht dem Körper kein Insulin mehr zur Verfügung. Der Blutzucker kann nicht mehr in die Zellen gelangen, trotz ausreichender Nahrungszufuhr verhungert der Körper.
b) Ohne Bauchspeicheldrüse kann der Körper kein Insulin mehr bilden. Es leidet unter Diabetes mellitus (Zuckerkrankheit).
Menschen, die unter dieser Krankheit leiden, haben einen stark erhöhten Blutzuckerspiegel, sie verlieren sehr schnell an Körpergewicht, haben ständig starken Durst und geben große Mengen Harn ab.

Verdauungsenzyme – Langerhanssche Inseln – Insulin – Blutzuckerspiegel – Diabetes mellitus

Lösung 7

Durch die ungewöhnliche körperliche Anstrengung während der Wanderung verbrauchte der Körper des Diabetikers mehr Glucose als an einem gewöhnlichen Tag. Der Blutzuckerspiegel lag tiefer als normal. Daher bewirkte die Insulininjektion, die für einen höheren Blutzuckerspiegel berechnet war, eine zu starke Absenkung des Zuckergehaltes.
Wenn die Konzentration von Zucker im Blut unter einen bestimmten Wert sinkt, kommt es zum hypoglykämischen Schock, dessen Symptome in der Aufgabe beschrieben sind.

hypoglykämischer Schock

Aufgabe 8

Die Pima-Indianer im Süden Arizonas (USA) leiden viel stärker unter Altersdiabetes als alle anderen Völker der Erde.
Eine mögliche Erklärung dafür lieferten Botaniker und Ernährungswissenschaftler. Sie untersuchten bestimmte stärkehaltige Pflanzen, die früher vorwiegend zur Ernährung der Indianer dienten, und stellten fest, daß sie vorwiegend aus Amylose bestehen. Amylose wird im Stoffwechsel nur sehr langsam abgebaut. Die Stärke in den heutigen europäischen und nordamerikanischen Nahrungsmitteln besteht vorwiegend aus Amylopektin. Diese Stärkeform wird sehr viel schneller im Körper des Menschen abgebaut als Amylose.
Nach 1900 stellten die Pima-Indianer ihre Kost langsam auf europäisch-nordamerikanische Nahrungsmittel um.

Wie ist die Zunahme des Altersdiabetes bei den Pima-Indianern zu erklären?

Nach Naturwissenschaftliche Rundschau 7, 1991.

Lösung 8

Amylose und Amylopektin werden im Verdauungsapparat des Menschen zu Traubenzucker (Glucose) abgebaut. Beim Diabetes mellitus (Zuckerkrankheit) ist der Blutzukkergehalt zu hoch.
Die Senkung des Zuckergehaltes im Blut geschieht durch ein Hormon der Bauchspeicheldrüse, das Insulin.
Die Pima-Indianer nahmen früher vorwiegend Nahrung zu sich, die Amylose enthielt. Weil der Körper Amylose nur langsam abbaut, steigt der Blutzuckerspiegel ebenfalls langsam. Die Bauchspeicheldrüse muß nur wenig Insulin ausschütten, um den Gehalt an Zucker im Blut gering zu halten. Bei Übergang auf europäisch-nordamerikanische Nahrung mit ihrem hohen Anteil an schnell verdaubarem Amylopektin sind größere Mengen an Insulin erforderlich, wenn der Blutzuckerspiegel nicht zu stark ansteigen soll. Die Leistungsfähigheit der Bauchspeicheldrüse der Pima-Indianer ist aber offensichtlich an den langsamen Anstieg des Blutzuckerspiegels nach Genuß von Amylose angepaßt und nicht in der Lage, die hohen Mengen an Insulin zu bilden, die erforderlich sind, wenn die Nahrung sehr viel Amylopektin enthält. Es kommt zu Altersdiabetes, einer Krankheit, bei der zwar noch Insulin ausgeschüttet wird, die Hormonmenge aber nicht ausreicht, um den Blutzuckerspiegel weit genug zu senken.

VIII Niere

Zur Lösung der Aufgaben erforderliche Kenntnisse

- *Bau und Lage der Nieren und benachbarter Organe*
  Nebenniere, Harnleiter, Harnröhre, Harnblase, Nierenkapsel (Bowmannsche Kapsel), Nierenrinde (Nierenkanälchen), Nierenbecken
- *Funktion der Niere*
  Primärharn, Endharn, Eiweißstoffwechsel (Harnstoff), Nierenkapillaren, Blutdruck, Energiebedarf

Aufgabe 1

In der Abbildung sind die Nieren und benachbarte Organe dargestellt.

Nennen Sie die Fachbezeichnungen der mit Kennziffern versehenen Teile.

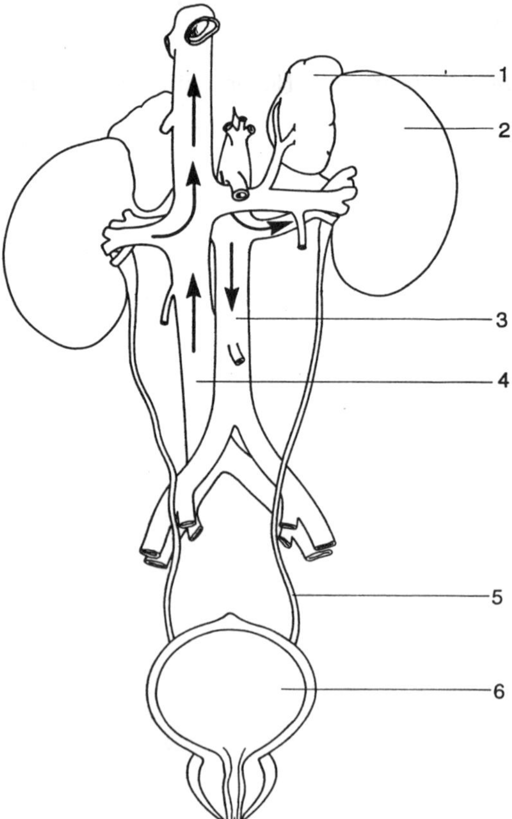

Abb. nach FALLER: Der Körper des Menschen, 1968.

Lösung 1

1 Nebenniere
2 Niere
3 Arterie
4 Vene
5 Harnleiter
6 Harnblase
7 Harnröhre

Aufgabe 2

Das Schema zeigt einen Schnitt durch eine Niere des Menschen.

Wo in der Niere liegen die
- Bowmannschen Kapseln (Nierenkapseln)
- Nierenkanälchen
- Nierenbecken
- Harnleiter?

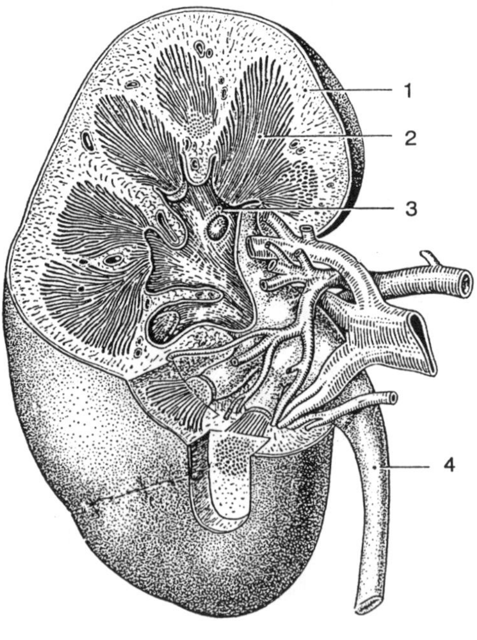

Abb. aus MÖRIKE/MERGENTHALER: Biologie des Menschen, 1965.

Aufgabe 3

Kohlenhydrate, Fette und Eiweiße werden im Körper abgebaut. Dabei entstehen „Abfallstoffe“.

Welche Abfallstoffe entstehen und wie werden sie aus dem Körper entfernt?

Lösung 2

Die Bowmannschen Kapseln und die Nierenkanälchen liegen in der Nierenrinde. Sie ist in der Abbildung mit „1“ gekennzeichnet.
Das Nierenbecken trägt in der Zeichnung die Kennziffer „3“ und der Harnleiter „4“.

Zusatz:
Im Nierenmark („2“) liegen die Sammelröhrchen und die absteigenden Teile der Nierenkanälchen, die Henleschen Schleifen.

Lösung 3

Beim Abbau von Kohlenhydraten und Fetten entstehen Wasser und Kohlenstoffdioxid.
Als Endprodukt des Eiweißabbaus tritt vor allem Harnstoff auf.
Kohlenstoffdioxid wird über die Lunge beim Ausatmen an die Luft abgegeben. Auch Wasser entweicht über die Lunge. Außerdem verläßt es den Körper durch Verdunstung an der Hautoberfläche.
Einen sehr großen Teil der täglich im Körper entstehenden Wassermenge gibt der Körper als Urin ab. Darin ist auch der durch den Eiweißstoffwechsel entstehende Harnstoff enthalten.

Kohlenstoffdioxid – Harnstoff

Aufgabe 4

Wenn der Mensch sehr viel Flüssigkeit aufnimmt, kann er bis zu vier Liter Urin pro Tag ausscheiden.
Bei sehr heißem Wetter, wenn die Schweißabsonderung besonders stark ist, sinkt die Urinmenge dagegen bis auf 0,4 Liter pro Tag.

Erläutern Sie diesen Zusammenhang.

Aufgabe 5

Ein erwachsener Menschen bildet pro Tag etwa 170 Liter Vorharn (Primärharn). Das entspricht mehr als dem Doppelten seines Körpergewichts. Ausgeschieden werden aber nur etwa zwei Liter Harn pro Tag.

a) Erklären Sie den Verbleib der restlichen 168 Liter Flüssigkeit.
b) Wo wird der Vorharn gebildet?
c) Welche Stoffe enthält der Vorharn in größerer Menge? Welche Stoffe werden mit dem Endharn ausgeschieden?

Aufgabe 6

Kaffee erhöht den Blutdruck und wirkt harntreibend.
Erklären Sie die harntreibende Wirkung des Kaffees.

Lösung 4

Durch den Schweiß verliert der Mensch Wasser und Salze. Die Steuermechanismen, die den Wasser- und Salzgehalt des Blutes und damit des gesamten Körpers regeln, können bei starkem Schwitzen die Bildung von Harn in der Nieren einschränken, um den Wasser- und Salzverlust nicht zu hoch werden zu lassen.

Lösung 5

a) Dem Vorharn wird der größte Teil des Wassers (168 Liter pro Tag) bei der Bildung des Endharns in den Nierenkanälchen wieder entzogen. Das Wasser tritt durch die Wände der Nierenkanälchen und der Kapillaren ins Blut zurück.
b) Der Vorharn wird in den Nierenkapseln (Bowmannsche Kapsel, Nierenkörperchen) gebildet.
c) Der Vorharn enthält neben sehr großen Mengen an Wasser gelöste Stoffe, vor allem Harnstoff, Zucker, Aminosäuren, Vitamine, Kochsalz und andere Salze. Mit dem Harn ausgeschieden werden vor allem Harnstoff und kleinere Mengen von Salzen. Die restlichen gelösten Stoffe werden bei der Bildung des Endharns wieder ins Blut zurückgeführt.

Nierenkapsel – Nierenkanälchen – Nierenkapillaren – Harnstoff – Salze

Lösung 6

In den Nierenkapseln (Bowmannsche Kapsel, Nierenkörperchen) tritt Wasser mit gelösten Stoffen aus dem Blut in die Nierenkanälchen über. Das geschieht dadurch, daß die kleinen Arterien der Kapillaren in den Kapseln weiter sind als die abführenden kleinen Venen. Es entsteht dadurch eine Art Blutstau, der das im Blut enthaltene Wasser mit den kleineren gelösten Teilchen durch Poren in den Kapillaren und den Nierenkapseln hindurch in die Nierenkanälchen preßt. Es entsteht Vorharn (Primärharn). Bei Erhöhung des Blutdrucks wird mehr Wasser in die Nierenkanälchen gepreßt. Die pro Zeiteinheit gebildete Harnmenge wird größer, der Harndruck steigt.

Nierenkapsel – Nierenkanälchen – Kapillaren – Vorharn

Aufgabe 7

Bei jedem Umlauf durch das Blutgefäßsystem strömen 30 % des Blutes durch die Nieren. So werden diese Organe pro Tag etwa 250 mal von der gesamten Blutmenge durchflossen. Das entspricht einer Menge von mehr als 1 000 Litern.

a) Welche Veränderungen erfährt das Blut in den Nieren?
b) Warum ist die starke Durchblutung der Nieren erforderlich?
c) Für die Funktion der Nieren sind hohe Mengen an Sauerstoff erforderlich. Welche Bereiche der Nieren benötigen besonders viel Sauerstoff? Wie ist dieser hohe Bedarf zu erklären?

Lösung 7

a) Dem Blut wird in der Niere (Nierenkapsel) zunächst ein sehr großer Teil seines Wassers mit den darin enthaltenen kleinen gelösten Stoffen entzogen (Harnstoff, Aminosäuren, Zucker, Kochsalz). In der Niere entsteht durch diesen Vorgang der Vorharn (Primärharn).
Im weiteren Verlauf der Vorgänge in der Niere (Nierenkanälchen) wird dem Vorharn fast alles Wasser wieder entzogen und in das Blut zurückgeführt. Dabei gehen auch der Zucker, die Aminosäuren und der größte Teil des Salzes wieder ins Blut über.
Wenn das Blut die Nieren wieder verläßt, hat es seinen Harnstoff (und andere Abfallstoffe), einen kleinen Teil seines Wasser und geringe Mengen von Salzen verloren.

b) Das Blut erhält ständig Endprodukte des Stoffwechsels der Zellen. Neben kleineren Mengen verschiedener Abfallstoffe sind das vor allem Wasser und der aus dem Eiweißstoffwechsel stammende, giftige Harnstoff. Diese Substanzen müssen dem Blut entzogen werden. Dazu strömt während eines Kreislaufs ein großer Teil des Blutes durch die Nieren.

c) Zur Bildung des Vorharns tritt Wasser mit den gelösten Teilchen aus dem Blut durch Poren in den Kapillaren und den Nierenkapseln (Bowmannschen Kapseln) in die Nierenkanälchen über. Der Vorgang erfolgt durch den hohen Blutdruck in den Kapillaren. Energieverbrauchende Vorgänge der Niere laufen dabei nicht oder nur in geringem Maße ab.
Zur Rückgewinnung des Wassers und für die Wiederaufnahme des Zuckers, der Aminosäuren und des größten Teils der Salze ins Blut dagegen sind energieverbrauchende Prozesse erforderlich. Diese Vorgänge laufen in den Nierenkanälchen ab. Dabei entsteht der Endharn. Die Zellen der Nierenkanälchen können durch die Zellatmung Energie für solche Vorgänge zu Verfügung stellen. Bei der Zellatmung wird Sauerstoff verbraucht. Da pro Tag sehr hohe Mengen an Vorharn gebildet und in Endharn umgewandelt werden, ist der Sauerstoffbedarf der Nieren sehr groß.

Bildung des Vorharns – Harnstoff – Nierenkanälchen – Bildung des Endharns – Zellatmung – Stoffwechselenergie

IX Evolution des Menschen

Zur Lösung der Aufgaben erforderliche Kenntnisse:

- *Ablauf der Evolution*
  Erbgut (DNA), Mutation, Rekombination, Selektion, Gendrift
- *Fossilien des Menschen*
  Fundorte, Methoden der Altersbestimmung, zeitliche Einordnung, Australopithecus, Homo erectus, Steinheimer, Neanderthaler
- *Kulturelle Evolution*
  Tradition, Sprache, Schrift, Geräte, Evolutionsgeschwindigkeit
- *Menschenaffen*
  Arten, Verbreitung

Aufgabe 1

In der unten begonnenen Tabelle soll ein Vergleich zwischen biologischer und kultureller Evolution gezogen werden.
Eintragungen für die biologische Evolution sind vorgegeben.

Formulieren Sie entsprechende Eintragungen für die kulturelle Evolution.

	biologische Evolution	**kulturelle Evolution**
Ausgangspunkt	Mutation, Rekombination	1.
Leistungssteigerung durch	Bevorzugung positiver Mutationen (Selektion)	2.
Weitergabe durch	Erbgut (DNA)	3.
Geschwindigkeit	langsam, viele Generationen, bis sich Mutationen durchgesetzt haben	4.
Beeinflussung der Beziehung zwischen Organismus und Umwelt	durch Veränderung am Körper, z. B. an einem Organ	5.
Ergebnis des Prozesses	Anpassung des Organismus an die Umwelt	6.

Verändert nach BLUME: Mechanismus und Problematik der kulturellen Evolution. In: Naturwissenschaften im Unterricht – Biologie, Themenheft 3, Stammesgeschichte des Menschen, 1980.

Lösung 1

Für die kulturelle Evolution lassen sich etwa die folgenden Eintragungen machen:

	biologische Evolution	**kulturelle Evolution**
Ausgangspunkt	Mutation, Rekombination	1. Erfahrungen und Erfindungen
Leistungssteigerung durch	Bevorzugung positiver Mutationen (Selektion)	2. Bevorzugung positiver Erfahrungen
Weitergabe durch	Erbgut (DNA)	3. Sprache und Schrift
Geschwindigkeit	langsam, viele Generationen, bis sich Mutationen durchgesetzt haben	4. kurze Zeit, evtl. nur wenige Tage, bis jeder eine neue Erfindung nutzen kann
Beeinflussung der Beziehung zwischen Organismus und Umwelt	durch Veränderung am Körper, z. B. an einem Organ	5. durch Entwicklung von Geräten
Ergebnis des Prozesses	Anpassung des Organismus an die Umwelt	6. Anpassung der Umwelt an die Bedürfnisse des Menschen

Aufgabe 2

Die Benutzung des Feuers war ein wichtiger Schritt in der kulturellen Entwicklung des Menschen.

a) Welche Art aus der Stammesgeschichte des Menschen hat nachweislich am frühesten Feuer genutzt?
b) Wo auf der Erde wurden Fossilien dieser Art gefunden?

Aufgabe 3

In der Märzausgabe (1995) der Zeitschrift „Naturwissenschaftliche Rundschau“ erschien ein Bericht über den Fund von Steinwerkzeugen in Sibirien.

Die Überschrift und die ersten Zeilen lauteten:

> „Besiedlung Sibiriens vor 500 000 Jahren?
>
> Ein Fund von Steinwerkzeugen in Sibirien legt nach Ansicht russischer Archäologen die Annahme nahe, daß dort schon vor 500 000 Jahren Menschen gelebt haben.“

Bisher galt allgemein, daß Sibirien erst seit 20 000 bis 30 000 Jahren besiedelt wurde. Falls das Alter des neuen Fundes richtig gemessen wurde, müssen einige Vorstellungen über die Stammesgeschichte des Menschen geändert werden.

a) Welcher Menschentyp könnte in Sibirien vor 500 000 Jahren gelebt haben.
b) Wo liegt der bisher nördlichste Fundort, dessen Fossilien eindeutig diesem Menschentyp zugeordnet werden können?
c) Der russische Archäologe Yuri Mochanov , der die Steinwerkzeuge in Sibirien fand, ist der Meinung, ihr Alter sei noch viel höher. Er spricht von ca. 2 Millionen Jahren und vergleicht sie mit Werkzeugen aus Afrika.
d) Beschreiben Sie bitte die Art der afrikanischen Werkzeuge.
e) Wo in Afrika wurden gleich alte Werkzeuge gefunden?
f) Welcher Menschentyp hat die Werkzeuge in Afrika hergestellt?

Lösung 2

a) Nach heutiger Kenntnis ist Homo erectus der stammesgeschichtlich älteste Vorfahr des Menschen, der in der Lage war, Feuer zu benutzen. Vermutlich konnte er nicht selber Feuer entfachen, sondern war auf natürliche Feuerquellen angewiesen.
b) Bedeutende Fundorte von Fossilien des Homo erectus liegen in Süd- und Ostafrika, in Java und in China (in der Nähe von Peking).
In Deutschland fand man in Maur bei Heidelberg den Unterkieferknochen eines Homo erectus.

Lösung 3

a) Das Alter der Funde weist darauf hin, daß Homo erectus die in Sibirien gefundenen Steinwerkzeuge hergestellt hat. Vor 500 000 Jahren waren die Australopithecus-Arten bereits ausgestorben, Formen des Homo sapiens hatten sich zu dieser Zeit noch nicht entwickelt.
b) Der nördlichste Fundort von Fossilien des Homo erectus liegt bei Choukoutien (bei Peking).
c) Die afrikanischen Werkzeuge bestehen aus Kieseln, die so zerschlagen wurden, daß ein scharfe Kante entstand („pebble tools").
d) Solche Werkzeuge fand man unter anderem am Turkana See und in der Olduvai-Schlucht in Ostafrika.
e) Die frühesten Funde von Kieselwerkzeugen lassen sich dem Homo habilis zuschreiben. Sehr frühe Funde von Werkzeugen des Homo erectus sind aber ebenfalls aus Afrika bekannt, z.B. von Fundorten in Ostafrika, Südafrika, Marokko und Algerien.

Aufgabe 4

Erläutern Sie, warum Fachwissenschaftler annehmen, daß der Mensch in der Alten Welt (Europa, Afrika, Asien) entstanden ist.

Aufgabe 5

Bald nachdem Darwin seine Theorie der Entstehung der Arten veröffentlicht hatte, erschien ein Buch des englischen Biologen Th.H. Huxley mit dem Titel: „Zeugnisse für die Stellung des Menschen in der Natur". Es war das erste grundlegende Werk über die Stammesgeschichte des Menschen. Huxley sorgte durch seine geschickt und kämpferisch vorgetragenen Argumente dafür, daß Darwins Theorie von vielen Fachwissenschaftlern anerkannt wurde und in weiten Kreisen der Gesellschaft zumindest diskutiert wurden.
In Huxleys Buch ist die unten dargestellte Zeichnung zu finden, die er wohl als Witz gemeint haben dürfte. Die Unterschrift lautet „Eohomo + Eohippus". Das läßt sich als „Urmensch auf Urpferd" übersetzen. Fossilien des Urpferdes „Eohippus" sind aus dem unteren Tertiär (vor etwa 50 bis 60 Mio Jahren) bekannt.
Die Zeichnung enthält aus heutiger Sicht einen Fehler.

Erläutern Sie den in der Zeichnung enthaltenen Fehler.

Abb. nach WENDT: Der Affe steht auf, 1971.

Lösung 4

Bisher sind alle Fossilien von Vorfahren des Menschen in der Alten Welt gefunden worden. Die ältesten stammen aus Süd- und Ostafrika. Vermutlich verlief dort der größte Teil der stammesgeschichtlichen Entwicklung bis zum heutigen Menschen. Erst in geologisch sehr junger Zeit ist der heutige Mensch nach Europa und Asien eingewandert und von dort aus nach Australien und Nord- und Südamerika.
Eine weiteres Argument ist die Verbreitung der Menschenaffen (Pongiden). Menschenaffen haben mit den heutigen Menschen gemeinsame Vorfahren, die nicht gleichzeitig Vorfahren anderer Arten sind. Menschenaffen und auch Fossilien von mutmaßlichen gemeinsamen Vorfahren von Menschenaffen und Menschen sind nur in Afrika und Asien zu finden.

Fundorte fossiler Vorfahren des Menschen – Verbreitung von Menschenaffen

Lösung 5

Der Urmensch kann nie auf einem Urpferd geritten sein. Urpferde haben vor 50 bis 60 Mio Jahren gelebt. Der Urmensch, also ein Vertreter der Gattung „Homo", tritt frühestens vor 1,8 Mio Jahren auf, also im Quartär. Auch andere frühe Vertreter des menschlichen Stammbaums, wie z.B. die Australopithecinen, sind sehr viel jünger als Eohippus. Sie lebten im oberen Tertiär und unteren Quartär. Ihr ältester erst vor kurzem entdeckter Vertreter , Australopithecus ramidus, lebte vor ca. 4,4 Mio Jahren, also im oberen Tertiär.
Wenn jemand auf einem „Urpferd" der Gattung „Eohippus" geritten sein sollte, dann kann es kein Vertreter der Gattung „Homo" gewesen sein, allenfalls ein sehr urtümlicher Affe kommt dafür in Frage.

Aufgabe 6

Nach Auffassung der Biologen entstand der heutige Mensch aus tierischen Vorfahren. Wenn man die Stammesgeschichte des Menschen betrachtet, verlief die Entwicklung des Menschen in viel kürzerer Zeit ab als bei den meisten Tieren.

Welche Vorgänge können zur Erklärung der hohen Entwicklungsgeschwindigkeit in der Stammesgeschichte herangezogen werden?

Lösung 6

Genetiker können nachweisen, daß sich das Erbgut aller Organismen ständig verändert. Solche Veränderungen werden als Mutationen bezeichnet.
Mutationen können günstige, ungünstige oder auch keine Auswirkungen für das betroffene Individuum haben. Günstige Mutationen werden in den Gruppen (Populationen) häufiger, wenn durch Umwelteinflüsse die Organismen, die das günstigere Erbgut tragen, mehr Nachkommen hervorbringen als Individuen der Population, die die günstige Mutation nicht tragen. Diesen Vorgang nennt man Selektion. So kann eine günstige Mutation im Laufe vieler Generationen in einer Population immer häufiger werden, so daß die betreffende Tier- oder Pflanzenart sich ändert.
Bei Gruppen mit nur wenigen Individuen können jedoch auch Zufallsereignisse eine deutliche Verschiebung der Häufigkeit bestimmter Mutationen hervorrufen (Gendrift). Solche Ereignisse können z.B. der zufällige Tod von Individuen, etwa durch Katastrophen sein, oder die zufällige Auswahl bestimmter Ei- und Spermazellen, die zur Befruchtung kommen. In kleinen Populationen hat ein Zufallsereignis eine stärkere prozentuale Änderung der Häufigkeit der Mutationen zur Folge als in großen.
Durch Gendrift kann daher eine günstige Mutation schon im Laufe weniger Generation so häufig werden, daß die betreffende Art sich ändert. Zur Erklärung der hohen Geschwindigkeit in der Entwicklung zum heutigen Menschen nehmen daher viele Fachleute an, daß in der Stammesgeschichte des Menschen immer wieder über mehrere Generationen hinweg sehr kleine Gruppen aufgetreten sind, die getrennt von anderen ihre Entwicklung durchliefen.

Zusatz:
Vor einigen Jahren haben Gentechnologen durch Untersuchungen bestimmter Formen der DNA außerhalb des Zellkerns nachgewiesen, daß solche Kleingruppen tatsächlich existiert haben.
Die Vorgänge, durch die sich Arten ändern können, sind hier nur verkürzt und vereinfacht dargestellt. Die moderne Biologie benutzt zur Erklärung der Evolution noch weitere Faktoren, z.B. die Rekombination, die Separation u.a.

Mutation – Selektion – Gendrift – Population

Aufgabe 7

Einige Gegner der biologischen Evolutionslehre nehmen an, Dinosaurier seien gleichzeitig mit den Menschen auf der Erde aufgetreten und später dann ausgestorben.

Wie läßt sich nachweisen, daß Dinosaurier sehr viel früher auf der Erde lebten und schon ausgestorben waren, als die ersten Menschen auftraten?

Lösung 7

Eine Möglichkeit nachzuweisen, daß Menschen und Dinosaurier nicht gleich alt sind, liefert der Vergleich der Gesteinschichten, in denen Fossilien der beiden Gruppen zu finden sind. Bisher sind noch nie Reste von Dinosauriern und Menschen in der gleichen geologischen Schicht gefunden worden. Dinosaurierskelette kommen nur in den Schichten unterhalb derer vor, die Reste von Menschen enthalten. Damit ist es sehr unwahrscheinlich, daß Menschen und Dinosaurier gleichzeitig auf der Erde lebten. Eine weitere Möglichkeit liefert die Technik der absoluten Altersbestimmung von Fossilien, bei der der Zerfall radioaktiver Substanzen gemessen wird. Dabei ergab sich für Fossilien des Menschen immer ein sehr viel geringeres Alter als für Skelettreste der Dinosaurier.

geologische Schichten – absolute Altersbestimmung

X Humanökologie

Zur Lösung der Aufgaben erforderliche Kenntnisse

Umwelt des Menschen in einer Industriegesellschaft

- Belastung der Umwelt
  Kohlenstoffdioxid, Ozon (bodennahe Luftschichten, Atmosphäre), Schwermetalle, Enzymgift, Stickstoffverbindungen (Boden, Luft), Pestizide (Schädlingsbekämpfungsmittel), radioaktive Strahlung, Staub, Dunstglocke, UV-Strahlung, Nahrungskette, Atomkraftwerke, radioaktiver Abfall, Beeinträchtigung des lokalen Klimas

Umweltschutz

- Maßnahmen zum Schutz der Umwelt
  Atmosphäre, Gewässer, Boden, Abfall, Lärm, Schadstoffbelastung von Lebensmitteln, Energie, Artenvielfalt (Pflanzen, Tiere)

Ernährung der Weltbevölkerung

- Bedeutung der modernen landwirtschaftlichen Methoden
- Bedeutung von Pflanzen- und Tierzucht

Tagesrhythmus

- Innerer Rhythmus des Menschen
  Leistungsfähigkeit des Menschen in Abhängigkeit von der Tageszeit

Aufgabe 1

In der unten stehenden Übersicht sind Veränderungen von Erscheinungen und Faktoren der Umwelt aufgeführt.
Welche dieser Veränderungen traten in diesem Jahrhundert verstärkt auf und bedrohen direkt die Gesundheit des Menschen?

a) Stärkere Bildung von Nebel;
b) häufiger auftretende, plötzliche, sehr starke Kälteeinbrüche im Frühling;
c) Anstieg des Kohlenstoffmonoxidgehaltes in Städten;
d) höherer Ozongehalt in bodennahen Luftschichten während des Sommers;
e) höherer Ozongehalt in bodennahen Luftschichten während des Winters;
f) Ausweitung des Ozonlochs von der Südhalbkugel über den Äquator hinweg bis nach Mitteleuropa;
g) gestiegener Gehalt an Schwermetallen (z.B. Blei, Cadmium, Quecksilber) in Nahrungsmitteln;
h) gestiegener Gehalt an Stickstoffverbindungen (z.B. Nitrate) im Grund- und Oberflächenwasser;
i) stärkere Versalzung der Böden und des Grundwassers;
k) höhere durchschnittliche Lufttemperatur;
l) höhere Niederschlagsmengen;
m) höhere Bodentemperatur
n) geringerer Gehalt der Luft an Kohlenstoffdioxid und infolgedessen geringere Pflanzenproduktion (geringere Photosyntheserate)
o) Veränderungen der Gezeiten (Ebbe und Flut);
p) geänderte Farbe der Sonne und ihres Lichtes;
q) höherer Gehalt an Pestiziden in Nahrungsmitteln;
r) Anstieg der radioaktiven Strahlung;
s) Zunahme des Staubes in der Luft.

Lösung 1

In diesem Jahrhundert lassen sich folgende Veränderungen der Umwelt feststellen, die in Mitteleuropa die Gesundheit der Menschen beeinträchtigen können:

c) Anstieg des Kohlenstoffmonoxidgehaltes in den Städten.
(Kohlenstoffmonoxid vermindert die Fähigkeit des Blutes, Sauerstoff aufzunehmen sehr stark.)

d) Höherer Ozongehalt in bodennahen Luftschichten während des Sommers.
(Hohe Sonneneinstrahlung führt im Sommer dazu, daß sich bestimmte Abgase zu Ozon umwandeln. Ein hoher Ozongehalt reizt die Atemorgane und ruft Kopfschmerzen, Übelkeit und allgemeine Schwäche hervor.)

g) Gestiegener Gehalt an Schwermetallen in Nahrungsmitteln.
(Schwermetalle sind Enzymgifte. Enzyme steuern fast alle chemischen Prozesse in den Zellen. Enzymgifte führen daher zu starken Störungen des gesamten Stoffwechsels)

h) Gestiegener Gehalt an Stickstoffverbindungen (z.B. Nitrate) im Grund- und Oberflächenwasser.
(Stickstoffverbindungen, vor allem Nitrate können sich zu Nitrosaminen umwandeln. Diese Verbindungen rufen Krebs hervor. Ein hoher Gehalt an Nitraten kann bei Säuglingen eine gefährliche Blut- und Kreislauferkrankung hervorrufen.)

q) Höherer Gehalt an Pestiziden.
(Schädlingsbekämpfungsmittel reichern sich häufig in der Nahrungkette an und gelangen daher in hoher Konzentration in den Körper der Menschen. Sie können dort vielfältige, schädigende Wirkungen haben)

r) Anstieg der radioaktiven Strahlung.
(Radioaktive Strahlung kann die Erbinformation verändern. Änderungen sind fast immer ungünstig und führen häufig zur Entstehung von Krebs)

s) Zunahme des Staubes in der Luft.
(Viele Staubteilchen bestehen aus Umweltgiften, die unter anderem Lungenkrankheiten hervorrufen können. Die Belastung der Lunge mit Staub kann zu Atembeschwerden führen.)

Zusatz:
Die Liste der aufgeführten gesundheitsbedrohenden Umweltfaktoren ist nicht vollständig. In Mitteleuropa sind in diesem Jahrhundert noch mehrere weitere Faktoren hinzugekommen.
Dennoch ist die Lebenserwartung der Menschen stark gestiegen. Verantwortlich dafür ist vor allem die bessere Ernährung und die verbesserte medizinische Betreuung und Technik und die geringere körperlich Belastung in der Arbeitswelt.

Aufgabe 2

Die Dunstglocke, die sich häufig über großen Städten und Ballungsgebieten durch Abgase und ähnlichem aus Autos, Heizungen und Industrieanlagen bildet, enthält viele Stoffe, die dem Menschen gefährlich werden können. Außerdem vermindert sie die Sonneneinstrahlung.

Welche ungünstige Wirkung kann die verminderte Sonneneinstrahlung auf die Gesundheit des Menschen haben?

Nach KNODEL/KULL: Ökologie und Umweltschutz, 1977.

Aufgabe 3

Schwedische Forscher haben in einer mehrjährigen Versuchsreihe untersucht, wie häufig Angestellte eines Gaswerkes zu unterschiedlichen Tageszeiten Fehler beim Ablesen der Instrumente machten. Das Ergebnis ist in der Grafik abzulesen.
Die Grafik stammt aus einem Buch, in dem Vorschläge zur Organisation der Schule und des Lernens gemacht werden.

Machen Sie an Hand der Grafik Vorschläge, die bei der zeitlichen Organisation von Unterricht und Hausaufgaben von Bedeutung sein können.

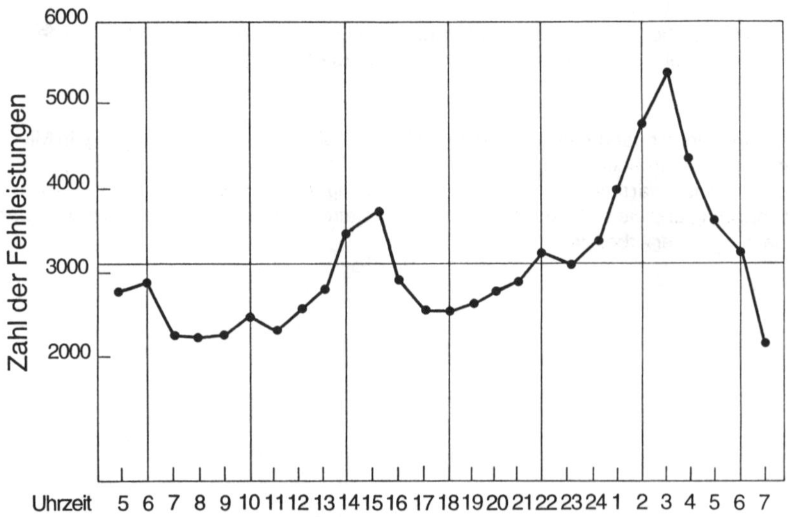

Abb. aus WINKEL: Humanethologie und Schulorganisation, 1979.

Lösung 2

Die Teilchen in der Dunstglocke absorbieren vor allem den ultravioletten Anteil des Sonnenlichts.
Ultraviolette Strahlung wirkt keimtötend. Bei verminderter Einstrahlung vermehren sich Keime (Bakterien, Viren u.ä.) stärker, und es kann daher zu einer erhöhten Infektionsgefahr kommen.
Der UV-Anteil des Sonnenlichts baut in der Haut des Menschen Vorstufen des Vitamin D (Ergosterin) in das für den Stoffwechsel dringend erforderlich Vitamin D um. Bei Mangel an UV-Strahlung kann es zu Störungen im Kalkstoffwechsel kommen. Das beeinträchtigt besonders den Aufbau der Knochen bei Kindern und Jugendlichen.

Infektionsgefahr – Vitamin D

Lösung 3

Die Angestellten machten nach dieser Untersuchung in der Zeit vor 6.00 Uhr, zwischen 13.00 und 15.00 Uhr und ab 21.00 Uhr wesentlich mehr Fehler als zur übrigen Zeit des Tages. Die Forscher schlossen daraus auf eine geringere allgemeine Leistungsfähigkeit zu diesen Zeiten.
Der Unterricht sollte demnach nicht vor 7.30 beginnen. Dabei ist die Zeit zwischen etwa 6.30 und 7.30 für den Schulweg gerechnet. Um die Zahl der Unfälle gering zu halten, sollten sich Schüler nicht zu einer Tageszeit im Straßenverkehr bewegen, in der sie nur vermindert aufmerksam sein können.
Fächer, in denen die Schüler in besonderem Maße intellektuell gefordert werden, sollten in der Zeit zwischen 7.30 und 11.00 und zwischen 16.00 und 19.00 Uhr unterrichtet werden. Zu dieser Zeit ist die Leistungsfähigkeit der Schüler besonders hoch.
Der Unterricht sollte in der Mittagszeit nicht über 13.00 Uhr ausgedehnt werden, da von dieser Zeit an die Leistungsfähigkeit sehr schnell und stark absinkt.
Hausaufgaben sollten so bemessen sein, daß sie in der Zeit erhöhter Leistungsfähigkeit, zwischen 16.00 und 19.00, erledigt werden können. Nach dieser Untersuchung ist es also nicht ratsam, mit den Hausaufgaben vor 16.00 zu beginnen, so wie es immer noch viele Lehrer und Eltern vorschlagen.
Der heute noch an vielen Schulen übliche Unterricht am Nachmittag zwischen 14.00 und 16.00 Uhr ist nach dieser Untersuchung wenig sinnvoll.

Aufgabe 4

Im Jahrbuch der Ökologie 1992, das von bekannten Fachleuten der Umweltwissenschaften und des Umweltschutzes herausgegeben wurde, ist auf den letzten Seiten ein Katalog von Geboten abgedruckt.
Die dort zu lesenden Gebote sollen zu einer Selbstverpflichtung anregen. Danach sollte jeder sich bemühen,

a) die Luft nicht zu verschmutzen,
b) das Wasser rein zu halten,
c) den Boden und die Landschaft zu schützen,
d) den Energieverbrauch einzuschränken und sparsam mit Rohstoffen umzugehen,
e) Tiere zu schützen,
f) die Vielfalt der Pflanzenwelt zu erhalten,
g) den Anbau und den Verkauf gesunder Nahrung zu fördern,
h) die Abfallmenge gering zu halten,
i) Lärm zu vermeiden.

Beschreiben Sie kurz je zwei Verhaltensweisen, mit denen auch der normale Bürger diese Gebote erfüllen kann.

Nach ALTNER et al.: Jahrbuch der Ökologie, 1991.

Lösung 4

a) Luftverschmutzung
- Fahren mit dem PKW einschränken (häufiger mit Bus, Bahn oder Fahrrad fahren);
- mit dem Auto nicht schneller als 120 km/h fahren;
- keine Kühlgeräte oder Spraydosen verwenden, die FCKW enthalten.

b) Wasserverschmutzung
- Wasserverbrauch gering halten;
- umweltverträgliche Wasch- und Putzmittel verwenden, sparsam dosieren;
- giftige Substanzen (Lacke, Öle, Medikamente u.ä.) als Sondermüll entsorgen.

c) Boden- und Landschaftsschutz
- keine Pestizide und möglichst wenig Kunstdünger verwenden;
- Abfall nicht in die Landschaft werfen.

d) Einschränkung des Verbrauchs von Energie und Rohstoffen
- nur stromsparende Elektrogeräte benutzen;
- Elektrogeräte möglichst sparsam einsetzen;
- Heizenergie durch Wärmedämmung und geringere Raumtemperatur einsparen;

e) Tierschutz
- keine Produkte kaufen, die von gefährdeten Tierarten stammen (z.B.: bestimmte Pelze und Leder, Elfenbein, Schildpatt);
- keine Kosmetika und Pflegemittel verwenden, die in Tierversuchen getestet wurden;
- Haustiere und Nutztiere artgerecht halten;
- keine Produkte aus Massentierhaltung (z.B. Eier von Hühnern in Käfighaltung);
- keine Insektenvertilgungsmittel im Garten benutzen.

f) Pflanzenschutz
- im Garten oder auf dem Balkon möglichst viele verschiedene Arten pflanzen;
- auf Unkrautvernichtungsmittel verzichten;
- Entnahme von Pflanzen aus der Landschaft gering halten, keine geschützten Pflanzen pflücken.

g) Anbau und Verkauf gesunder Nahrung
- Lebensmittel aus dem kontrollierten biologischen Anbau bevorzugen;
- vor allem Lebensmittel ohne künstliche Zusätze (z.B. Aroma- Farb- und Konservierungsstoffe) verwenden;
- keine Produkte aus der Massentierhaltung kaufen.

Aufgabe 5

Seit der Wissenschaft sehr genaue Analysemethoden zur Verfügung stehen, kann nachgewiesen werden, daß sich giftige Schädlingsbekämpfungsmittel, die in der Landwirtschaft verwendet werden, im Körper des Menschen ablagern. 70% dieser Giftstoffe stammen dabei von Nutztieren.

Wie kommt es zu diesem hohen Anteil durch Aufnahme tierischer Nahrungsmittel?

Nach KNODEL/KULL: Ökologie und Umweltschutz, 1977

h) Abfallvermeidung
   - möglichst auf Verpackungen verzichten;
   - Abfall sortieren, um Recycling zu erleichtern;
   - Pfandflaschen verwenden;
   - Taschen und Körbe statt Plastiktüten benutzen.

i) Vermeiden von Lärm
   - nur geräuscharme Maschinen, Geräte und Fahrzeuge benutzen;
   - beim Betrieb von lauten Geräten auf Ruhezeiten achten;
   - bei lautem Radio oder Fernseher Fenster schließen;
   - Motoren bei stehenden Fahrzeugen ausschalten.

Zusatz:
Außer den angegeben Verhaltensweisen sind viele weitere möglich, die zum Schutz der Umwelt beitragen. Hier wurde aus Gründen der Raumnot nur eine knappe Übersicht gegeben.

Lösung 5

Landwirte setzen Schädlingsbekämpfungsmittel vor allem zum Schutz der Pflanzen ein. Ein Teil der erzeugten Pflanzen wird verfüttert. Tiere benutzen jedoch nur einen geringen Teil der Nahrung zum Aufbau eigener Körpersubstanz. Etwa 90 % der aufgenommenen Nahrung wird im Körper der Tiere für Bewegung, Körperwärme, chemische Umbau- und Aufbauvorgänge, Vorgänge in Nerven und Gehirn, u.ä. verbraucht. Die aufgenommenen Schadstoffe können häufig nicht ausgeschieden oder abgebaut werden und bleiben daher mit den restlichen 10 % der Nahrung im Körper des Tieres. 10 % der Nahrung enthalten dann soviele Schadstoffe, wie im gesamten aufgenommenen Futter (also in 100 %) vorhanden waren. Diese Anreicherung von Schadstoffen in der Nahrungskette ist dafür verantwortlich, daß tierische Nahrung mit Umweltgiften stärker belastet ist als pflanzliche.

Zusatz:
Der Mensch wiederum baut nur aus 10 % der aufgenommenen Nahrung Körpersubstanz auf, so daß dort wiederum Schadstoffe angereichert werden.

Nahrungskette – Anreicherung von Schadstoffen

Aufgabe 6

Hochentwickelte Industriegesellschaften, wie wir sie in der BRD vorfinden, zeichnen sich durch einen außerordentlich hohen Energieverbrauch aus.
Um die starke Nachfrage nach Energie zu decken, ging man in den meisten Industrienationen dazu über, Atomkraftwerke zu bauen.
Atomphysiker und Ingenieure konnten Anlagen bauen, die bei normalem Betrieb nur geringe Mengen an radioaktiven Material freisetzen. Fachleute halten diese geringe Menge strahlenden Materials für wenig umweltschädlich, andere Folgen dagegen, die sich beim Betrieb von Atomkraftwerken ergeben, beurteilen sie als sehr stark umweltbelastend.

Erläutern Sie solche umweltschädlichen Folgen und Schwierigkeiten, die sich auch bei störungsfreiem Betrieb von Atomkraftwerken ergeben. Berücksichtigen Sie dabei besonders die Beeinträchtigung der Gesundheit.

Aufgabe 7

Nach Ansicht von Fachleuten sind zur Ernährung eines einzigen Menschen, der auf der Kulturstufe der Jäger und Sammler lebt, mindestens 20 km^2 erforderlich (einige Experten sprechen sogar von bis zu 50 km^2).
Wenn man die bewohnbaren Gebiete der Erde zugrunde legt, wären bei der Wirtschaftsweise als Jäger und Sammler etwa 3 Millionen Menschen zu ernähren. Heute leben ungefähr 1 700 mal so viele Menschen auf der Erde. Bei Rückfall auf die Kulturstufe der Altsteinzeit könnte also von 1 700 Menschen nur 1 überleben.

Wie ist zu erklären, daß heute auf der Erde so viel mehr Menschen leben können als zur Zeit, in der Menschen als Jäger und Sammler lebten?

Nach GERHARDT/DIRCKSEN/HÖNER: bsv Biologie 2, 1976.

Lösung 6

Eine große Schwierigkeit, die bisher in vielen Staaten nicht oder nicht zufriedenstellend gelöst wurde, ist die Beseitigung des radioaktiven Abfalls. Das radioaktive Material muß so gelagert werden (Endlagerung), daß es nicht in natürliche Kreisläufe gelangen kann. Kontakt mit dem Grundwasser oder mit Substanzen, die zu Nahrungsketten gehören, könnten das strahlende Material auch in den Körper des Menschen bringen.
Dort werden die Zellen, vor allem die Erbinformation im Zellkern, durch die radioaktive Strahlung verändert. In den meisten Fällen führt das zu tiefgreifenden Störungen im Stoffwechsel. Die betroffene Zelle kann in der Regel ihre Aufgabe nicht mehr erfüllen. Häufig wandelt sie sich in eine Krebszelle um und kann durch ständige umgehemmte Zellteilungen Tumore (Krebsgeschwulste, Karzinome) entstehen lassen.
Ein weiteres Problem ist die Kühlung der Kraftwerke. Wenn die in Atomkraftwerken entstehenden hohen Wärmemengen mit Wasser aus Seen und Flüssen abgeführt werden, steigt die Temperatur in den natürlichen Gewässern. Warmes Wasser kann weniger Sauerstoff lösen. Die Zahl der im Wasser lebenden Pflanzen und Tiere nimmt daher stark ab, sie ersticken; viele Arten verschwinden ganz. Außerdem werden in dem Teil des Wassers, der die Kühlsysteme des Kraftwerks durchfließt, alle Organismen getötet.
Die Benutzung von Kühltürmen, die eingesetzt werden, um das Wasser abzukühlen, bevor es wieder in natürliche Gewässer eingeleitet wird, kann Änderungen im lokalen (örtlichen) Klima zur Folge haben. Große Anlagen dieser Art entlassen soviel Wasserdampf, daß es zur vermehrten Bildung von Wolken kommen kann, die die Sonnenscheindauer herabsetzen. Fachleute haben für einige Gebiete in der BRD daher Einbußen der Landwirtschaft durch geringeres Pflanzenwachstum berechnet. Die Photosyntheseleistung ist infolge schwächere Belichtung geringer.

radioaktiver Abfall – Nahrungskette – Grundwasser – Krebszellen – Erwärmung von Gewässern – Veränderung des lokalen Klimas

Lösung 7

Die Erde liefert heute sehr viel mehr Nahrungsmittel für ihre Bewohner als in der Altsteinzeit. Der Mensch konnte das durch eine gezielte, geplante Nutzung von Pflanzen und Tieren erreichen. Möglich war das vor allem durch

- den Übergang zu Ackerbau und Viehhaltung;
- die Zucht leistungsfähigerer Pflanzen und Tiere;
- verbesserte Haltungs- und Fütterungsmethoden;
- verbesserte Anbaumethoden, z.B. durch die mechanische Bodenbearbeitung, die künstliche Düngung, Schädlingsbekämpfung u.ä.

Aufgabe 8

Im folgenden Schema sollen die Eingriffe des Menschen in die Bereiche der Erde, die von Lebewesen besiedelt sind (Biosphäre), in der Übersicht dargestellt werden.

Ordnen Sie die aufgeführten Begriffe den richtigen Stellen im Schema zu. Mehrfachnennungen sind möglich.

- Boden
- Grundwasser
- Luft
- Landwirtschaft
- Besiedlung
- Abfall
- Entwässerung
- Raumanspruch
- Beregnungswasser
- Abgase
- Grundwasserabsenkung
- Düngemittel
- Abwässer
- Pestizide
- Tagebau
- Oberflächenwasser
- Forstwirtschaft
- Monokulturen
- Verkehr
- Bodenschätze
- Industrialisierung
- Kulturmaßnahmen
- Untertagebau

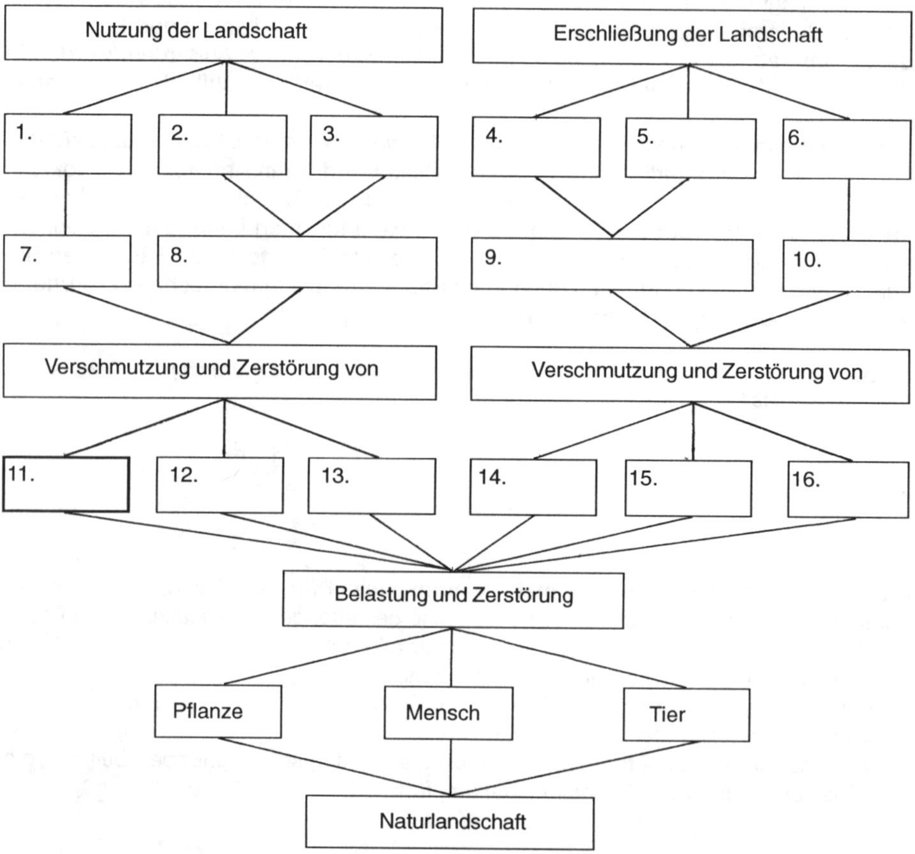

Lösung 8

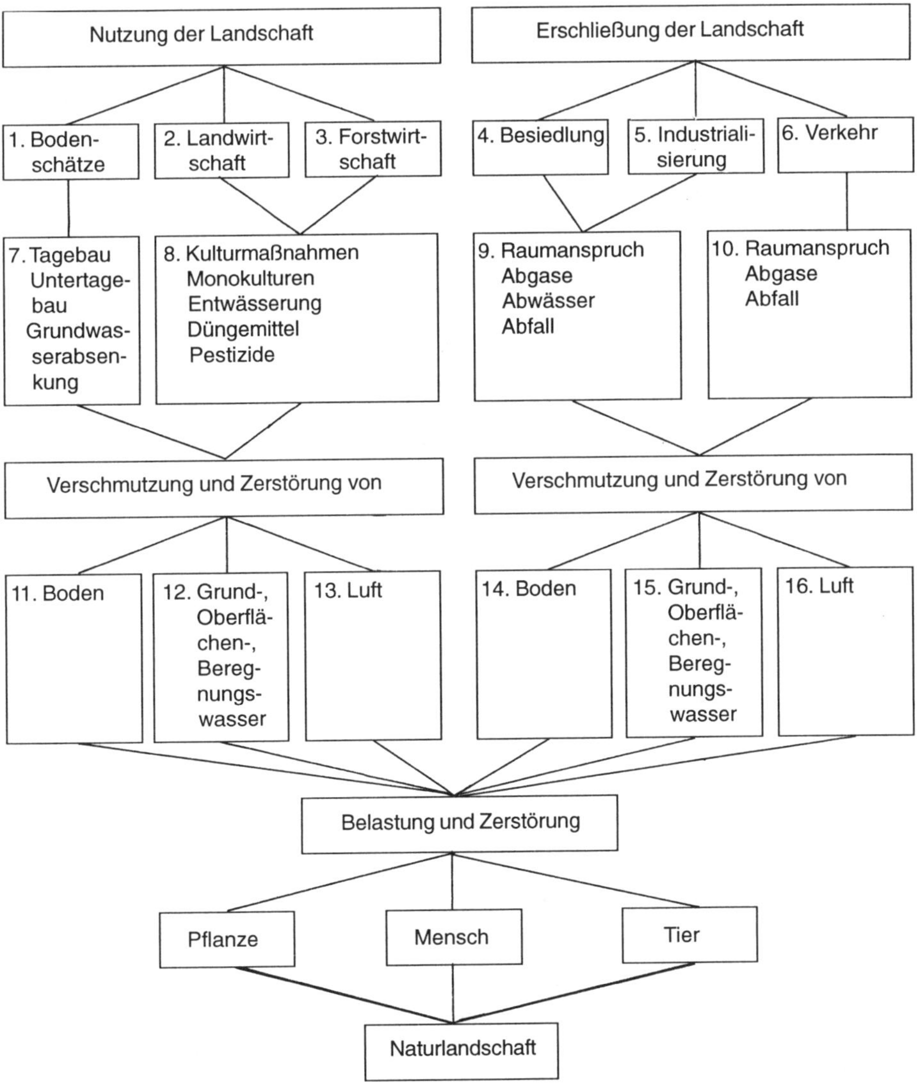

Verändert nach HAFNER/PHILIPP: Ökologie, 1978.

Literaturverzeichnis

Außer den im Handel befindlichen Lehrwerken für den Biologie-Unterricht der Realschule und des Gymnasiums wurden folgende Bücher und Zeitschriften benutzt:

AHLHEIM, K. H. (Hrsg.): Wie funktioniert das? Der Mensch und seine Krankheiten. Bibliographisches Institut, Mannheim, 1973.

ALTNER, G. et al.: Jahrbuch der Ökologie. C. H. Beck, München, 1991.

AYERST, P. W. et al.: Exploring Biology. Bd. 10. Shuter & Schooter, Pietermaritzburg, 1987.

BÄUMER, Ä.: Geschichte der Biologie. Bd. 1, Biologie von der Antike bis zur Renaissance. Peter Lang, Frankfurt, 1991.

BRUGGAIER, W., D. KALLUS: Einführung in die Biologie des Menschen, Lehrerband. Quelle & Meyer, Heidelberg 1974.

Die Zeit, Zeitverlag Gerhard Bucerius, Hamburg.

FALLER, A.: Der Körper des Menschen. Georg Thieme, Stuttgart, 1967.

FENEIS, H.: Anatomische Bildnomenklatur. Georg Thieme, Stuttgart, 1967 und neuere Auflagen.

GERHARDT, A., J. DIRCKSEN, P. HÖNER: bsv Biologie 2/3. Bayerischer Schulbuchverlag, München, 1979.

GIERSBERG, H., P. RIETSCHEL: Vergleichende Anatomie der Wirbeltiere. Gustav Fischer, Jena, 1967.

GÖTZ, R. et al.: Biologie. Energie, Stoff, Leben. Herder, Freiburg, 1977.

GREENE, R.: Hormone steuern das Leben. Fischer Taschenbuch, Frankfurt, 1973.

HAFNER, L., E. PHILIPP: Ökologie. Schroedel, Hannover, 1978.

KEIDEL, W. D.: Kurzgefaßtes Lehrbuch der Physiologie. Georg Thieme, Stuttgart, 1975 und 1985.

KLEVER, U.: Klevers Kalorien-Kompass. Gräfe & Unzer, München, 1976.

KNODEL, H., U. KULL: Ökologie und Umweltschutz. Studienreihe Biologie, Bd. 4. J. B. Metzler, Stuttgart, 1977

LINDER/HÜBLER: Biologie des Menschen. Metzler, Stuttgart, 1970.

MÖRIKE, K. D., W. MERGENTHALER: Biologie des Menschen. Quelle & Meyer, Heidelberg, 1965.

MÖRIKE, K. D., E. BETZ, W. MERGENTHALER: Biologie des Menschen. Quelle & Meyer, Heidelberg, Wiesbaden, 1989 und neuere Auflagen.

MUELLER, C. G., M. RUDOLPH: Licht und Sehen. Rowohlt, Reinbek b. Hamburg, 1969.

Naturwissenschaft im Unterricht, Biologie. Zeitschrift für die Unterrichtspraxis der Sekundarstufe. Themenheft 3, Stammesgeschchte des Menschen. 11, 1980. Aulis, Köln.

Naturwissenschaftliche Rundschau. Wissenschaftliche Verlagsgesellschaft, Stuttgart.

NOURSE, A. E.: Der Körper. Rowohlt, Reinbek b. Hamburg, 1969.

PSCHYREMBEL, W.: Klinisches Wörterbuch. de Gruyter, Berlin, New York, 1990.

ROTHSCHUH, K. R.: Physiologie im Werden. Gustav Fischer, Stuttgart, 1969.

SCHMEIL: Der Mensch. Quelle & Meyer, Heidelberg, 1975.

SCHMIDT, R. F., G. THEWS: Physiologie des Menschen. Springer, Berlin, Heidelberg, New York, 1980 und neuere Auflagen.

STEGEMANN, J.: Leistungsphysiologie. Physiologische Grundlagen der Arbeit und des Sports. Georg Thieme, Stuttgart, 1977.

Südwestpresse, Schwäbisches Tagblatt. Tübingen.

VOSS, H.: Grundriß der normalen Histologie und mikroskopischen Anatomie. Georg Thieme, Leipzig, 1977.

WENDT, H.: Der Affe steht auf. Rowohlt, Reinbek b. Hamburg, 1971.

WINKEL, G. et al.: Humanethologie und Schulorganisation. Aulis, Köln, 1979.

WRENSHALL, G. A., G. HETENYI, W. R. FEASBY: Insulin. Die Geschichte eines Sieges. Gerhard Stalling, Oldenburg, Hamburg, 1963.

Sachregister